I0569975

الإسلام

الإسلام

للأستاذ
جاويد أحمد الغامدي

نقله إلى اللغة العربية
الدكتورمحمد غطريف شهبازالندوي

Ghamidi Center of Islamic Learning
AN INITIATIVE OF AL-MAWRID US.
www.ghamidi.org

Publisher: Ghamidi Center of Islamic Learning - Al-Mawrid US

ISBN: 979-8-9916581-6-4

Address: 3620 N Josey Ln, Suite 230 Carrollton, TX 75007

Website: www.ghamidi.org

Email: info@ghamidi.org

مقدّمة المترجِم

هذا الكتاب للباحث الإسلامي الباكستاني المُجَدِّد جاويد أحمد غامدي، سمّاه مؤلفه «الإسلام: مدخل موجز»، وهو تلخيص لكتاب واسع للمؤلف عنوانه «الميزان». ويسعى المؤلف في هذا الكتاب المُختصَر إلى تقديم الدين الإسلامي بصورة مُجمَلَة تعطي القارئ فكرة وافية عن الإسلام وتعاليمه وأحكامه في كتاب واحد يكون عوناً لكلّ مسلم يريد أن يتعرف دينَه في صورة أقرب إلى الكليّة والشمول، وهو مفيد أيضاً للقارئ غير المسلم الذي يدفعه فضوله المعرفي إلى التعرف على الإسلام ورفد ثقافته بعناصر جديدة.

والحقيقة أنّ الدين الإسلامي معروف، ويندر أن تفوت معتنِقيه مثل هذه المبادئ الكلية. لكنّ الجديد الذي يقدمه الكاتب في هذا الكتاب، ويميِّز أسلوبه وطريقة عرضه لجوانب الدين المختلفة يتمثل في جوانب عدّة منها:

أولاً: يتميّز الكتاب بذلك الطابع التأمّلي العميق، واستنباط الرموز من الوقائع الحسيّة المباشرة، وتقديمها بأسلوب سهل مبسَّط يُقرّب الأفكار والرموز إلى ذهن القارئ. ولعلّ الهدف من ذلك ـ كما نحسَب ـ هو الارتقاء بالقارئ من مستوى تأدية العبادات تأدية آلية اعتيادية إلى مستوى تأديتها بتدبُّر وتفكير عميقين يكتمل بهما معنى العبادة.

ثانياً: المزج بين اللغة العصرية القريبة من أفهام القرّاء ومداركهم، وبين اللغة الدينية الفقهية الاصطلاحية، مع مراعاة الفروق الثقافية بين قارئ

عادي يحتاج إلى استيعاب المعاني والدلالات بلغة مُيسَّرة لا تُغرِق في المصطلحات الفقهية العميقة، وبين قارئ متمكن يتطلع دائماً إلى التزوّد بثقافة فقهية دينية عالية تدخل في نطاق الاختصاص الأكاديمي.

ثالثاً: العَنونة والتصنيف والتفريع، ممّا يُسَهِّل على القارئ العودة إلى ما يرغب في الاطّلاع عليه، كما يُيَسِّر عليه تخزين المعلومات وتبويبها للعودة إليها عند الحاجة.

ويجدر بالذكر هنا أنّ الكاتب يقدّم الدين الإسلامي في نسخة عصريّة، وفي إطار إنساني كوني، يهتمّ بجوهر الدين الداعي إلى الخير والتسامح والمحبّة، بما يعزِّز الصورة الإيجابية للإسلام بعيداً عن التعصّب والتطرّف. والكتاب بهذا المعنى يُعَدّ إسهاماً يستحق التقدير في مسألة حوار الحضارات والثقافات والأديان في عالم معقّد وشديد التنوع، وذلك من أجل إغناء تجربة المشاركة وتعزيز السّلام والتعايش الإنساني.

أودّ أخيراً أن أعبِّر عن جزيل امتناني للصديق الأستاذ الباحث ضرغام عارف السعيد الذي شاركني معظم جوانب هذا العمل، وأرجو أن يكون لمساهمته القيّمة في مراجعة الترجمة وتجويد أسلوبها أفضل الأثر في حصول هذا الكتاب على الرضا والقبول الحَسَن عند القارئ.

وأتوجه بالشكر أيضاً إلى مؤسسة المورد لمبادرتها الطيبة في إتاحة هذا العمل المهمّ لقراء العربية، وإلى دار القلم اللبنانية ذات الإرث العريق في صناعة الكتاب وعالم النشر، للثقة التي منحتني إياها في ترجمة هذا الكتاب إلى العربية.

نزار وجيه فلّوح

دمشق ـ 1 حزيران ـ 2023

مقدّمة

الطبعة الإنكليزية

يأتي هذا الكتاب «الإسلام مقدّمة موجزة» للكاتب جاويد أحمد غامدي بمنزلة مدخل تعريفي موجز إلى دين الإسلام، وهو نسخة معدّلة ومختصرة من كتاب «الميزان» للمؤلف نفسه، وهو بحث شامل في مضامين الإسلام. وقد أنتج المؤلف نفسه هذه النسخة الموجزة. وفي حين استغرق منه كتاب «الميزان» عقدين تقريباً لإنجازه، فإنّ هذه النسخة الموجزة استغرقت منه ستة أشهر فقط.

والجهود المبذولة في إضاءة مضامين الإسلام ليست جديدة، فقد سبقت جهودَ غامدي أعمالُ كوكبة لامعة من الأسماء التي غامر أصحابها بتقديم الإسلام كما فهموه. وكلّ هذه الجهود جديرة بالثناء، وتستحق المناقشة والتأمل العميق فيها. وقد يكون من الواجب على الباحث الجادّ أن يُجري دراسة مقارنة لقياس المقاربات المنهجية التي اتبعها كلٌّ من هؤلاء الباحثين وتقييمها.

ثمّة خصيصة يمكن اعتبارها سمة مُمَيِّزة لبحث غامدي، هي تصنيفه لمضامين الإسلام في ضوء القرآن الذي ينقسم من وجهة نظره إلى قسمين: الحكمة والكتاب. وبينما يشير الأول (الحكمة) إلى الموضوعات المتعلقة

بفلسفة الدين، يشير الثاني (الكتاب) إلى الموضوعات والأحكام التي تتعلق بالشريعة الإلهية.

ومضى غامدي إلى أبعد من ذلك، فجزّأ هذين القسمين الرئيسيين إلى أقسام وفئات فرعية. وبناء على ذلك، تتألف (الحكمة) من قسمين فرعيين هما الإيمان والأخلاق. ويتألف (الكتاب) من عشرة أقسام فرعية هي:

أ ـ شريعة طقوس العبادة وشعائرها.

ب ـ الشريعة الاجتماعية.

ج ـ الشريعة السياسية.

د ـ الشريعة الاقتصادية.

هـ ـ شريعة الدعوة والوعظ.

و ـ شريعة الجهاد.

ز ـ التشريع الجزائي.

ح ـ آداب الطعام والشراب.

ط ـ الأعراف وقواعد السلوك الإسلامية.

ي ـ القَسَم وكفارته.

تعتمد خطة الكتاب ـ إذاً ـ على هذا التصنيف، بحيث يتكوّن الجزء الأول من موضوعات تتصل بالحكمة، ويتكون الجزء الثاني من موضوعات تتصل بالكتاب. وتمهيداً لهذين الجزأين وضع المؤلف مقدّمة عنوانها «الدين الحق» تُعَرِّف القارئ بالبنية الكليّة العامّة للإسلام.

قد يكون من المناسب ـ أيضاً ـ أن نشير هنا إلى أنّ هذا الكتاب المختصَر، ربّما يصحّ اعتباره بوابةَ دخول إلى العمل الأكثر إتقاناً وتفصيلاً وهو كتاب «الميزان» الذي لا يمكن عدّه مجرّد مجموعة استنتاجات خرج

بها المؤلف من فهمه للإسلام، بل هو أكثر وأهمّ من ذلك. وقد تمّ استبعاد الحُجَج والمناقشات ذات الطابع التفصيلي حرصاً على الإيجاز والبساطة. وننصح الباحث الجادّ أن يبحث في الكتاب الأمّ عن أصل كلّ نقاش موجز يجده في المختصر. أمّا بالنسبة إلى القارئ العادي، فإنّ الكتاب الحالي يكفي لمنحه تعريفاً موجزاً بالإسلام كما فهمه المؤلف.

وهذا البحث لا يعني بأيّ حال من الأحوال أنّه يقدِّم الكلمة الأخيرة عن هذا الموضوع، بل قد يكون الخطوة في اتجاه جديد. ومن المؤكَّد أنّ ملاحظات القراء وانتقاداتهم وتعليقاتهم على مضمون الكتاب وشكله ستساعد على تحسين الطبعات القادمة.

أودّ هنا أن أعبّر عن امتناني العميق للسيد (افتخار تبسم) الذي لم يألُ جهداً في مطابقة الترجمة مع أصلها، وفي تقديم مقترحات قيّمة. كما أشكر أيضاً نجلي إبراهيم لفضله في تدقيق مخطوطة الكتاب تدقيقاً شاملاً، وإلى السيّد (عظيم أيوب) لجهوده المبذولة في إخراج الكتاب، وإلى السيد (معظم صفدر) الذي أشرف على عملية الطباعة. جزاهم الله كلّ خير على جهودهم.

د. شهزاد سليم

المورد، لاهور

فبراير، 2009

مقدمة المؤلف

إنّ الدين عند الله هو الإسلام. وكنت في كتابي «الميزان» قد فسرت هذا الدين كما فهمته. وكتاب «الإسلام» ملخَّص لكتاب «الميزان»[1]، وهو يقدّم الفكرة الأساسية للكتاب الأمّ بأسلوب مُبسَّط مستبعداً المناقشات التفصيلية والحُجَج والأدلة المنطقية الكامنة وراءها.

إنني مَدين في كلّ ما كتبته حتى الآن، من شرح وتفصيل للإسلام، إلى ما اكتسبتُه من معلمي المبجَّل الشيخ أمين أحسن إصلاحي الذي تعلمتُ منه فن التأمّل والتفكّر في الدين. ولذلك، أجد من اللائق أن أهديَ هذا الكتاب إليه مثلما فعلتُ في كتبي السابقة.

جاويد أحمد غامدي

المورد، لاهور

25 ديسمبر، 2007

---

(1) هو كتاب مفصّل للمؤلف حول مضامين الإسلام. (مترجم الطبعة الإنكليزية).

تمهيد:

الدين الحق

1. مصادر الدين:

الدين هو الهدى الذي أوحى الله به أولاً للجنس البشري، ثمّ أنعم به على البشرية بكلّ تفاصيله الأساسية من خلال الأنبياء. وكان مُحَمَّد ﷺ آخر هؤلاء الأنبياء. وهو يُعدُّ ـ بالتالي ـ المصدر الوحيد لهذا الدين في العالَم. ومن خلاله فقط، يمكن للإنسان أن يتلقى الهداية والإرشاد الإلهي، والدين الحقّ هو ما يقرره محمد ﷺ من خلال قوله وفعله وتقريره و موافقاته الضمنية[1] انه دين إلى يوم الدين.

لقد أُعطي هذا الدين الإلهي للأمة منقولاً عن النبي مُحَمَّد ﷺ، كما أجمع[2] عليه الصحابة بالتواتر القولي والفعلي[3]، في صيغتين هما: القرآن والسُّنَّة.

---

(1) تشير الموافقات الضمنية إلى موافقات النبي ﷺ على أنّ شيئًا ما في صفة الدين قد تمّ قبله ولم يرفضه، أو أمر حدث أمامه أو عُرِض عليه، فسكت عنه.

(2) يشير الإجماع إلى اتفاق كلّي كامل يخلو من أيّ خلاف.

(3) التواتر هو آليةٌ لنقل النصوص أو المعاني بكيفية تضمن القطع ولا تقبل التشكيك =

أ ـ القرآن: هو الكلام الذي أوحى به الله إلى مُحَمَّد ﷺ خاتم الأنبياء، وظلّ منذ ذلك الحين حتى الآن بحوزة الأمة التي أجمع أبناؤها بأنّ هذا الكتاب بالذات هو الذي أنزِل على النبي ﷺ، وهو الذي سلّمه وبلّغه إلى صحابته رضي الله عنهم بإجماعهم من خلال التواتر القولي والفعلي إجماعاً يُثبِت خلوَّه من أي تحريف أو تغيير مهما كان طفيفاً.

ب ـ أمّا السُّنَّة، فيقُصَد بها تعاليم الحنيفية الإبراهيمية، ذلك التقليد لدين النبي إبراهيم عليه السلام الذي أرسى النبي مُحَمَّد ﷺ عليه بنيان الإسلام بين أتباعه كدين ، بعد أن قام بإحياء تلك التعاليم وتهذيبها وإجراء بعض الإضافات والتعديلات عليها.

ولا نلمس أيّ اختلاف بين القرآن والسُّنَّة من حيث صحتهما وموثوقيتهما، لأنّ الأمة قد تلقّت كلّاً منهما من الله عبر التواتر الفعلي والقولي، وعبر إجماع الصحابة. وسيظلّ هذان المصدران فوق الشبهات والشكّ في كلّ زمن.

2. جوهر الدين:

إنّ جوهر الدين حسب الاصطلاح القرآني هو عبادة الله، وهي تعني التواضع والخضوع اللذين إذا توافرا في الإنسان، مع تفهّم صحيح لمعنى رحمة الله وقوته وعنايته وحكمته، كان ذلك أدعى إلى تسليم العبد أموره إلى الخالق تسليماً يقترن بالمحبّة والخوف وإظهار الثقة فيه، وإخضاع كلّ شؤون حياته لإرادته، والطمع برضاه في كلّ حركاته وسكناته. هذا التواضع لشخص أمام الله سبحانه وتعالى هو، في الواقع، شعور داخلي قوامُه ذكر الله، والتعبير عن الامتنان له، والخوف من استيائه، وتكريس الذات له، وإظهار الثقة به،

= وهو إثبات صحّة الآيات القرآنية الموحى بها إلى الناقل الأول محمد ﷺ منقولة عنه من جمع غفير إلى جمع غفير آخر لا يمكن اتفاقهم وتواطؤهم على الكذب.

وإخضاع الذات وجميع شؤون المرء له، وإرضاؤه في كلّ خطوة. كلّ هذه الجوانب هي تجليات نفسية عميقة للعلاقة التي تربط العبد بخالقه.

أمّا التجليات الخارجية للعبادة، فنستشفها من التواضع والخنوع، وهي تتمثل في الركوع والسجود والتعظيم والحمد والابتهال والتسبيح، والتضحية بالنفس والمال لنيل مرضاة الرّب. ومهما يكن من أمر، فإنّ المرء ليس مجرد ناسك متعبِّد، بل هو كائن اجتماعي له وجود عملي في هذا العالم. وهذه العبادة تتعلق بهذا الوجود العملي أيضاً. وبهذه الطريقة تصبح العبادة شاملة للطاعة. ويتطلب الأمر هنا أن تنحني الذات الخارجية للشخص أمام الخالق مثلما انحنت ذاتُه الداخلية أمامَه أيضاً.

3. تعريف الدين:

وحينما تفرض هذه العبادة على الإنسان قواعد أخلاقية وميتافيزيقية ترسم حدود العلاقة الصحيحة التي تجمع بين العابد والمعبود. وتتشكّل وفق تلك العلاقة الطقوس والحدود والشعائر اللفظية والفعلية، وهذا ما يُسمَّى بالمصطلح القرآني «الدين». إنّ الشكل الذي يتخذه هذا الدين بعد أن شرحه الله تعالى للبشرية من خلال أنبيائه، يسمّيه القرآن «الدين الحق». ويوجه القرآن أتباعه إلى تبنيه بالكامل وبأمانة في حياتهم، وعدم خلق أي انقسامات أو تنازع فيه.

4. فحوى الدين ومحتواه:

تُسمَّى قواعد العبادة الميتافيزيقية والأخلاقية التي فرضها الدين (الحكمة)، وتسمّى الشعائر والحدود المفروضة حسب الاصطلاح القرآني (الكتاب) الذي يُسمَّى أيضاً (الشريعة) بمعنى القانون والأحكام.

لقد كان مفهوم الحكمة واحداً في كلّ الأديان السماوية، لكنّ الاختلاف

وقع في الشرائع التي تتغير فيها الأحكام بتغير الأزمان وتطور الحضارة والمجتمعات الإنسانية.

وتكشف الدراسة المقارنة للكتب السماوية أنّ الشريعة تحتل المساحة الأكبر في التوراة، بينما تشكل الحكمة المضمون الأبرز في الإنجيل؛ والزّبور هو مجموعة تراتيل ومزامير تمجّد الله، وهي رائدة سبقت الإنجيل وبَشَّرت بحكمته. أمّا القرآن، فقد نزل على النبي ﷺ كتحفة أدبية رائعة تجمع بين الحكمة والشريعة كلتيهما، وبين البشارة والإنذار: البشارة لمن اهتدى إلى الصراط المستقيم، والإنذار بالعذاب لمن حاد عنه.

وتتضمن الحكمة بشكل أساسي الموضوعين التاليين:

أ ـ الإيمان

ب ـ الأخلاق والفضائل.

أمّا الكتاب فيشتمل على الموضوعات التالية:

أ ـ شريعة طقوس العبادة وشعائرها.

ب ـ الشريعة الاجتماعية.

ج ـ الشريعة السياسية.

د ـ الشريعة الاقتصادية.

هـ ـ شريعة الدعوة والوعظ.

و ـ شريعة الجهاد.

ز ـ التشريع الجزائي.

ح ـ آداب الطعام والشراب.

ط ـ الأعراف وقواعد السلوك الإسلامية.

ي ـ القَسَم وكفارته.

5. الأنبياء والرسل:

تظهر دراسة القرآن أنّ مَن بعثهم الله بهذا الدين يسمون (الأنبياء)، بعضهم اقتصرت مهمته على النبوة، وبعضهم جمع بين النبوة والرسالة. وتفرض النبوة بعد تلقي الوحي الإلهي أن يتولى النبي هداية الناس إلى الحقّ، والتبشير بحسن العاقبة لمن اتبعوه، والإنذار بسوء العاقبة لمن خالفوه. والتبشير بحسب المصطلح القرآني هو إذاعة الخبر السارّ، والإنذار هو التحذير من سوء العاقبة.

تعني الرسالة أنّ نبيّاً قد كُلِّف بهداية قومه بناء على تفويض إلهي، بحيث يمكنه أن يقرر مصيرهم بعقاب إلهي إذا خالفوه ورفضوه، وهو يستطيع أن يفرض عليهم سيادة الحقّ من خلال تنفيذ قضاء الله عليهم في هذا العالم بالذات. لقد أرسل الله رسله لكي يُعاقب من خلالِهم المسيء على إساءته، ويُثيب المحسن على إحسانه قبل يوم الحساب، وهذا أشبه بتمثيل تجريبي أو «بروفة» مصغَّرة لما سيحدث يوم القيامة، أو بتعبير آخر هو محكمة أرضية صغرى تسبق المحكمة السماوية الكبرى يومَ القيامة.

يتحدّث الرسل والأنبياء باسم الله ويقولون: إنّ كلّ مَن أوفى بعهده مع الله وحافظ عليه سيُكافأ في هذا العالم بالذات، وكلّ مَن خان العهد والميثاق مع الله يعاقَب في هذا العالم بالذات. ولهذا، فإنّ كلّ رسول منهم هو آية إلهية وعلامة من علامات الله تمشي على الأرض وتنقل أحكامه. وهم مسؤولون أن يبلّغوا الحقّ للناس، وأن ينقلوا إليهم هدى الله بكلّ أمانة، وهذا ما يُسمَّى بحسب الاصطلاح القرآني الشهادة التي تصبح، بمجرَّد إثباتها، أساس العدالة الإلهية في الدنيا وفي الآخرة. وبذلك، فإنّ الله، سبحانه وتعالى، ينصر هؤلاء الرسل، ويُنزل عقابه على مَن يكذّب دعوتهم ويرفضها.

لقد مُنِحت مهمة الشّهادة هذه، إلى جانب الرسل، لذرّيّة إبراهيم ﵇ أيضاً. ولهذا السبب، وصفهم القرآن بأنهم جماعة تتوسط بين رسول

الله والبشر، وأكد أنهم اختيروا لهذه المهمة مثلما يختار الله تعالى بعض الشخصيات العظيمة من البشر، ويمنحهم مكانة النبي أو الرسول.

6. الغاية من الكتب السماوية:

أنزل الله كتبه السماوية على أنبيائه ورسله، وكان الغرض من نزول هذه الكتب، وفق القرآن، التمييز بين الصواب والخطأ، والتفريق بين الحقّ والباطل، كي يتمكن الناس من حلّ خلافاتهم من خلالها، التزاماً منهم بمعنى العدالة التي تقوم مهمتها على إحقاق الحقّ.

7. مسؤولية الإنذار:

لقد بدأت سلسلة الأنبياء والرسل بآدم (عليه السلام) واختتمها مُحَمَّد ﷺ. وبعد وفاة الرسول، انقطع الوحي الإلهي، وانتهى نظام النبوة، ولهذا أنيطت مسؤولية الإنذار بعلماء الأمة لحثّ الناس على التمسك بدينهم إلى يوم القيامة.

8. اسم الدين:

يُسمَّى الدين الذي فصّلنا الحديث عنه في الفقرات السابقة (الإسلام). وقد أكّد سبحانه وتعالى في القرآن أنه لا يوجد دين آخر مقبول عنده سواه. وإذا كانت تلك التسمية تُستعمَل للدلالة على عموم الدين بالمعنى الواسع، فإنّها تُستخدَم أيضاً بمعنى مُحدَّد للدلالة على الصيغة الخارجية للدين، وهي تتكون من خمسة أركان:

أولها: الشهادة أنّ لا إله إلا الله وأنّ مُحَمَّداً رسوله.

وثانيها: إقامة الصلاة.

وثالثها: إيتاء الزكاة.

ورابعها: صيام رمضان.

وخامسها: الحجّ إلى بيت الله.

9. الإيمان:

الإيمان هو الصيغة الداخلية للإسلام، والجانب الداخلي من الدين. ويتألف وفقاً لتفاصيله في القرآن من خمسة أركان أيضاً هي:

1. الإيمان بالله.
2. الإيمان بالملائكة.
3. الإيمان بالأنبياء.
4. الإيمان بالكتب الإلهية.
5. الإيمان بيوم القيامة.

10. شروط الإيمان الثابتة (الضرورية):

إذا دخل جوهر الإيمان قلب امرئ، ونال التصديق اليقيني، فإنه يتطلّب أمرين مبنيين على أساس وجوده، هما: العمل الصالح، وحثّ الناس بعضهم بعضاً على الحقّ والثبات عليه، وهو ما يُدعى التواصي بالحقّ والتواصي بالصبر.

وللتفصيل فيهما نقول:

أ ـ العمل الصالح: إنّ كلّ عمل ناجم من تزكية الأخلاق هو عمل صالح نجد أساسه في كلٍّ من الطبيعة والعقل البشريين. وقد نزلت شريعة الله لتوجيه البشرية وإرشادها نحو العمل الصالح.

ب ـ التواصي بالحقّ والتواصي بالصبر: وهو أن يحثّ بعضُنا بعضاً على سلوك طريق الحقّ، والثبات عليه ضمن نطاق محيطنا الاجتماعي المباشر، والمعنى القرآني الاصطلاحي لهذا الشرط هو الأمر بالمعروف

والنهي عن المنكَر، ما يعني أنّ من واجب المؤمن أن يحثّ الناس في نطاق بيئته المباشَرة على عمل المعروف (الخير) واجتناب المنكر (الشرّ) بمقتضى العقل والطبيعة البشرية.

11. متطلبات الإيمان الطارئة: (حالات اضطرارية محتَمَلة)

إنّ حديثنا السابق ينطبق على شروط الإيمان في الظروف الاعتيادية، ولكن قد تنشأ ظروف استثنائية قاسية تفرض شروطاً إيمانية جديدة، هي:

أ ـ الهجرة: (الهجرة من أجل الدين).

ب ـ النُّصرة: (نصرة قضية الدين).

جـ ـ القيام بالقِسط: (الالتزام بالعدل).

وسنفصل الحديث فيها على النحو التالي:

أ. الهجرة من أجل الدين:

إذا أصبح من الصعب على المؤمن أن يعبد الله، وتعرّضَ بسبب معتقداته الدينية للاضطهاد، وشقَّ عليه التصريح بإسلامه، فإنّ إيمانه يفرض عليه عندئذ، أن ينتقل إلى مكان آخر يستطيع فيه مزاولة إيمانه جهراً. وقد اصطُلِح على تسمية ذلك (الهجرة) كما ورد في القرآن. وإن دعا الرسول إلى الهجرة حيث تُحتِّم الضرورة ذلك، وامتنعَ مَنْ تزعزع إيمانه عن تلبية تلك الدعوة، فسوف يلقى سوء العاقبة في نار الجحيم.

ب. نصرة قضية الدين:

إذا نشأت ظروف تتطلب اتخاذ بعض الإجراءات لغرض حماية الدين أو نشره، فمن متطلبات الإيمان أن يُقَدِّم المرء هذا الدعم من خلال تقديم حياته وماله لهذا الغرض. ويجب اتخاذ خطوات وإجراءات لحماية الدين ونشره بين الناس في مواجهة الظروف القاهرة التي يمكن أن تُضعِف من

عزائم أتباع الدين، وهو ما أطلق عليه القرآن مصطلح (نصرة الله)، إذ يرى أنّ المؤمن الحقّ يجب أن يمنح هذه القضية الأولوية القصوى حين تنشأ مثل هذه الظروف، وأن تكون أحبَّ إليه أو أغلى عليه من أي شيء آخر.

ج ـ القيام بالقِسط: (الالتزام بالعدل):

إذا حاول المرء متأثراً بعواطفه ومصالحه وأهوائه أن يحيد عن العدالة في مسائل الدين والدنيا، فإنّ إيمانه يُحتّم عليه أن يلتزم بالعدل، ليس عند الشهادة في دار القضاء فقط، بل أن يؤدي واجبه حتى لو دفع حياته ثمناً لإيمانه. وعليه قول الحقّ وأداء الشهادة بكلّ أمانة، وباختصار، فإنّ عليه أن يلتزم العدالة في أقواله وأفعاله ومعتقداته بناء على توجيهات القرآن الذي يسمي ذلك السلوك الإيماني (القيام بالقسط).

12. غاية الدين:

الغرض من الدين، كما ذكر القرآن، هو تزكية الحياة الفردية والجماعية للناس، وتطهيرها من شوائبها وأدرانها، ودفع معتقداتهم وأفعالهم وتطويرها في الاتجاه الصحيح. وقد ذكر القرآن في آيات كثيرة أنّ مطمع البشر وأملهم هو الفوز بالجنة، ولن يفوز بها إلّا أولئك الذين زكّوا أرواحهم وطهّروها. وقد أرسل الله أنبياءَه، وأنزل الدين كلّه لإرشاد الإنسان إلى تحقيق هذا الهدف.

13. الموقف الديني الصحيح:

إنّ الموقف الديني الصحيح الذي يجب على أتباع هذا الدين أن يتبنَّوه يُسمَّى الإحسان، ومعناه أن يؤدّي المرء عملاً أو ينجز شيئاً بأفضل طريقة ممكنة، ويضع في اعتباره دائماً أن يعبد الله وكأنّه واقف في حضرته المتجلّية، فهو إذا لم يكن قادراً على رؤية الله، فإنّه، على الأقل، يلاحظ أن الربّ تعالى يراه.

الجزء الأول

الحكمة

أولاً ـ الإيمان والمعتقدات

ثانياً ـ الأخلاق والفضائل

أولاً:

الإيمان والمعتقدات

الإيمان مصطلح ديني يشير إلى قبول القلب لشيء ما ورد عليه قبولاً يقينياً تصديقيّاً تامّاً، وكلّ مظاهر الإيمان وأنواعه تقوم أصلاً على قاعدة الإيمان بالله إيماناً يُسلِّم فيه المؤمن روحه وعقله إلى خالقه، ويرتقي هذا التسليم إلى الدرجة التي يكون فيها سعيداً بكلّ ما يحلّ به راضياً بقدره: خيره وشرِّه. ويندرج هذا في الاصطلاح القرآني تحت تسمية (مؤمن). وهو مطالب على الدوام بالنطق باللسان والعمل بالأركان والتصديق بحيث تشهد عليه أقواله وأفعاله حتى يتحقق جوهر الإيمان، ويصف القرآن كلّ فضيلة تنبع من الإيمان بأنها صفة جوهرية في المؤمن.

ولا شك في أنّ كلّ مَن يعتنق الإسلام بلسانه هو مؤمن في نظر الشرع، ولكنْ لا يمكن التأكد من مدى إيمانه، ففيما يخصّ درجة الإيمان ومداه، ليس هناك مقياس ثابت يميز بين الإيمان الظاهري والإيمان الحقيقي، لأنّ هذا الإيمان يتزايد ويتناقص لعوامل ذاتية وموضوعية، يزداد عند ذكر الله وسماع القرآن والتبصر في آياته التي تتجلى في داخل الإنسان أو في العالم من حوله.

ولعلّ تشبيه الإيمان في القرآن بشجرة عميقة الجذور[1] هو خير تعبير بلاغي عن تلك الحقيقة، فالأصل والجذر الثابت في الأرض معناه رسوخ قاعدة الإيمان في قلب المؤمن، وفرعها الباسق الصاعد إلى السماء تعبير عن تطور الإيمان ونموّه.

وينطبق الأمر ذاته على حالة الإيمان حين يضعف نتيجة أعمال تتعارض مع متطلبات الإيمان، بدلاً من تقويته بالعلم الصحيح والأعمال الصالحة، فهنا يضعف الإيمان حتى يكاد يتلاشى تماماً. ويجب أن نعلم أنّ الإيمان والعمل الصالح متلازمان بحيث يبدو كلٌّ منهما ضروريّاً للآخر، وقد اشترط القرآن الإيمان المعلن على المؤمن الطامح للخلاص وتحقيق الفوز بالنعيم. ويتكون الإيمان من الأركان الخمسة التالية:

1. الإيمان بالله.
2. الإيمان بالملائكة.
3. الإيمان بالأنبياء.
4. الإيمان بالكتب السّماويّة.
5. الإيمان باليوم الآخر.

1. الإيمان بالله

الله هو اسم علم لخالق السماوات والأرض وسائر المخلوقات، وقد تميّز استعماله منذ البداية للدلالة على ربّ العالمين، واستخدمه عرب الجاهلية قبل بعثة النبي ﷺ للمعنى ذاته، وهو في الحقيقة من بقايا الديانة الإبراهيمية التي ورثها العرب.

(1) ﴿ أَلَمْ تَرَ كَيْفَ ضَرَبَ ٱللَّهُ مَثَلًا كَلِمَةً طَيِّبَةً كَشَجَرَةٍ طَيِّبَةٍ أَصْلُهَا ثَابِتٌ وَفَرْعُهَا فِى ٱلسَّمَآءِ ﴾، سورة إبراهيم، الآية: 24.

إنّ الاعتراف بوجود الله هو فطرة مغروسة في طبيعة الإنسان، ويتجلّى هذا الاعتراف، كما يقول القرآن، في صيغة عهد وميثاق بين العبد وخالقه. ويشير القرآن إلى هذا الأمر باعتباره حدثاً واقعيّاً، وليس شيئاً مجازيّاً؛ ولكن منذ أُرسِل الإنسان إلى هذا العالم، مُسِحَت هذه الحادثة من ذاكرته، ومُحِيت من قلبه بهدف إخضاعه إلى التجربة والامتحان. ومع ذلك فإنّ جوهرَها عالق في أعماقه، ومتأصِّل في روحه، لا يُمكِن لشيء أن يمحوَه، فهو لا يلبث أن يصعد إلى ذاكرته ما لم يكن هناك عائق نفسي أو مادي يحول دونه، فإذا به يقفز إليه فرِحاً كما يقفز الطفل إلى أمه، وينجذب إليها بيقين وكأنّه يعرفها من قبل، رغم أنّه لم يرَ نفسه وهو يخرج من رحمها إلى الدنيا. ويشعر الإنسان أنّ هذا العهد الذي قطعه مع الله تعالى هو استجابة لحاجة طبيعية في أعماقه، ما إن يجده حتى يشعر بأنّ كلّ مستلزماته ومتطلبات ذاته قد تحققت، ويؤكد القرآن أنّ شهادة الذات الداخلية العميقة لوجود الله لا تُنكَر؛ وما دام المرء يضع العناية الإلهية نُصبَ عينيه، فإنّه سيكون مسؤولاً أمام الله على أساس هذه الشهادة.

وقد مُنح الإنسان ـ إلى جانب هذه الهداية الفطرية ـ القدرةَ على استخلاص النتائج ممّا يراه بعينه أو يسمعه بأذنه أو يلمسه بيده، وهي استنتاجات تتجاوز هذه المَلَكات والقدرات في الواقع. ومن الأمثلة البسيطة لتوضيح ذلك، قانون الجاذبية الأرضية، فالتفاحة إذا سقطت لا تسقط إلّا على الأرض، وإذا رفعت عن الأرض حجراً شعرت بثقله، واحتجتَ إلى جهد كي ترفعه، وارتقاء السلّم أصعب من نزوله، والقمر والنجومَ تدور في مساراتها وأفلاكها. ظلّ الإنسان يشاهد هذه الظواهر لعدّة قرون، حتى اكتشف (نيوتن) قانون الجاذبية الأرضية التي لا تُدرَك بالحواس، ومع ذلك، فإنّ العالم كلّه يؤمن بها كحقيقة علمية مقبولة. والسبب في ذلك أنّ كلّ النظريات والحقائق المعروفة تنسجم معها. يشرح هذا القانون جميع الحقائق التي يمكن ملاحظتها، ويفسّر على ضوئه الكثير من الظواهر الطبيعية المحسوسة؛ وحتى

الآن لا يوجد قانون آخر قادر على تفسير الظواهر المختلفة كما فسّرها هذا القانون.

من الواضح أن هذه العملية هي استخلاص للمحسوس والملموس من غير المحسوس والملموس. وعندما يستفيد الإنسان من قدرته هذه، ويدرس العالم من حوله، فإنّ هذه الدراسة تُثبِت له تلك الحقيقة الكامنة في ذاته الداخلية أيضاً.

وهكذا يرى الإنسان كلّ شيء في الكون بوصفه تجليّاً إعجازياً خارقاً من تجليات الخلق والتكوين، ومظهراً من مظاهر الإبداع المُعجِز، إذ يبدو الوجود كلّه زاخراً بالمعاني والدلالات العميقة، ودليلاً على عظمة إبداع الخالق الذي فطر السماوات والأرض بمقاييس وحقائق رياضية وهندسية فائقة، ليس لها من تفسير سوى أنّ هناك خالقاً عظيماً لها، وأنّ هذا الخالق لا يبدع خلقه بصورة عشوائية ودون ضوابط مُحكَمة، بل على العكس من ذلك، هو خالق ذو عقل لا يُسبَر غورُه، ذلك لأنّ القوة إذا لم تكن نابعة من كائن حكيم عليم كليّ المعرفة، فإنها تصبح مجرّد طغيان. وحقيقة الحال هي أنّ الأمر ليس كذلك، فالله ليس قوة غاشمة، بل هو عقل كلّي شامل فاضت منه الأشياء متدثرةً بلبوس الانسجام والتناغم. فهذا التعبير عن القوة والسُّلطة والقدرة له وجاهته وأسبابه، وهو متناغم ومفيد للغاية، ويُنْتِج عجائب عظيمة لا يمكن أن تُنتِجها قوة عشوائية غير منضبطة.

وعلى الرغم من كفاية تلك الأدلة على وجود الخالق، أراد الله أن يكمل الحُجّة على الإنسان، وألّا يترك له أي عذر أو تبرير يُنكِر به ربوبيتَه، فاتّخذ خطوة أبعد تمثلت في أنّه بدأ البشرية بآدم، وهو الإنسان الأول الذي سمع مباشرة من الله، ورأى ملائكته؛ وبهذه الطريقة شهد مباشرة للحقّ. وقد اتخذ الله تعالى هذه الخطوة كي تنتقل هذه الشهادة للّه بعد وفاة آدم إلى أحفاده جيلاً بعد جيل، وكيلا يصبح مفهوم الله والآخرة غريباً في أيّ عصر من العصور، وفي أيّ مكان على الأرض، وعند أيّ جيل من البشر.

ليس هذا فحسب، بل بمجرد إرسال الله آدم وحواء للعيش في هذا العالم، جعل لهما وسيلة لمعرفة ما إذا كان إيمانهما وأعمالهما مقبولة لدى الله أم لا. كان ذلك بمثابة جعل كلّ إنسان في ذلك الوقت يختبر الحقيقة ويراقبها مباشرة كي يصبح من بين الشهود مع أسلافه. وكانت الوسيلة المعتمدة لهذا الغرض هي أن يقدم الناس الذبائح أمام الله من أجل استجلاب علامات الرضا الإلهي وقبوله، فإذا قدم المرء ذبيحة وقبلها الله أرسل عليها ناراً تأكلها علامةً على قبوله لها.

ويتضح من هذه المناقشة أنّ وجود الله هو حقيقة فطرية تنتقل من الأسلاف إلى الأبناء، ونلمس وفرة الشواهد على صحتها في المادة الجامدة والمادة الحيَّة كلتيهما. ومع ذلك، تبقى هناك تساؤلات: من هو هذا الكائن؟ وما صفاته؟ وما النواميس والأحكام التي وضعها لنفسه؟ هذه هي الأسئلة التي يثيرها عقل كلّ من يريد معرفة الله التي تعتبر ضرورية للإيمان. وسنحاول تلمّس الإجابة عن هذه الأسئلة فيما يلي:

1.1. الذات الإلهية:

لقد بيّن القرآن بوضوح أنّ العقل البشري لا يمكن أن يحيط بالذات الإلهية، لأنّ مَن خلق وسائل الفهم يمكنه بالتأكيد فهم البشر الذين خلقهم، لكنّ هذه الوسائل المخلوقة لا يمكنها أن تحيط بمن يحيطها.

2.1. صفات الله:

إذا كان الكائن البشري عاجزاً عن فهم الذات الإلهية، فإنه يبقى قادراً على فهم صفات الله إلى حدٍّ ما، لأنّ بعضها موجود فيه وإن على نطاق ضيّق جدّاً، فقد منح الله الإنسان بعضاً ممّا اتصف به من المعرفة والقوة والعناية والحكمة والرحمة. وبهذا يستطيع الإنسان أن يمتلك فكرة مماثلة عن صفات الله، فعندما يذكر القرآن أن الله هو الخالق والقادر والرحمن والرحيم والعليم

والحكيم والأول والآخر والظاهر والباطن، فإننا نكون قادرين على تحصيل تصور أو مفهوم عن صفات الله.

وممّا يجدر الالتفات إليه عند فهم هذه الصفات هو جانب الروعة والجمال منها، لأنّ القوة لا تستحق المدح إلّا إذا اقترنت بالرحمة والشفقة والعدل، ولا يستحق الغضب والانتقام والسُّخط والضراوة الثناءَ إلّا إذا كانت لدفع الظلم والعدوان، ولا تكون الرحمة والمغفرة والكرم جديرة بالإشادة والثناء إلّا إذا كانت في محلّها. وذكر صفة الحميد مع الغنّي، والحكيم مع العليم، والغفور مع العزيز في ثنايا القرآن يميل بنا إلى ناحية الروعة والتوازن.

ومهما كان تصورنا عن الله، لا يمكن أن يخلو من إحدى صفات ثلاث: الجلال والجمال والكمال. وصفات الواحد والأحد والصمد تندرج تحت نطاق الكمال، وصفات القدّوس والسلام والمؤمن تندرج تحت نطاق الجمال، أمّا صفات المَلِك والعزيز والجبّار فهي تنتمي إلى الجلال. وتثير صفات الجلال الخوف والوقار والثناء في الإنسان، وتثير صفات الجمال الحمد والحبّ للّه، وتبعث الأمل في النفس، وتخاطب صفات الجلال الحواس، وتخاطب صفات الجمال العقل والقلب، وإذا كان الله موضع اعتبار وتأمل عند الإنسان، فإنّ صفات الجمال هي التي تسود الموقف. أما الروح الإنسانية فإن صفات الجلال هي التي تناسبها، وحين يخاف الإنسان اللهَ يفزع إليه ويبحث عن ملجأ في محراب الجمال. وعندما يقول القرآن: إنّ كلّ الأسماء الحسنى هي أسماؤه، فهذا يعني أنّ كلّ اسم يصور جلاله وجماله وكماله هو اسم حسن يُمكن أن يُطلَق عليه ويُنادَى به.

تتّضح عظمة الله بما يتصف به من الكمال. وعندما يكتسب المرء الفهم الصحيح لها، لا بدّ أن يؤمن بالله الواحد الذي لا مثيل له، والمتفرد في وحدانيته. وهو مأوى الجميع وملجؤهم. إنّه مالك السماوات والأرض وما بينهما. لا أحد ينازعه مُلكَه، ولا شريك له في إدارة شؤون الكون، لا يَخفَى عليه أمر، ولا شيء خارج نطاق حكمه وأمره. وكلّ شيء فقير إليه ويحتاجه،

وهو ليس فقيراً إلى أحد أو إلى جماد أو حيوان أو نبات. كلّ الكائنات والمخلوقات تسجد له وتُسبِّح بحمده وتمجِّد عظمته. قوته جبارة، وهو شامل واسع الإحاطة، وكلّ جزء من هذا الكون خاضع لإرادته. ويمكنه، متى أراد، أن يُفنِي كلّ شيء ثم يُعيد خلقه متى شاء. يُذِلّ من يشاء، ويُعِزّ من يشاء. كلّ شيء هالك وهو الخالد الوحيد. إنّه خارج نطاق كلّ نطاق. لكنّه أقرب إلينا من حبل الوريد. علمه وحكمته يشملان كلّ شيء، وهو يعرف خافية الصدور. إرادته فوق كلّ إرادة، وأمره فوق كلّ أمر. إنّه خالٍ من كلّ شائبة وعيب، ومُنزّه عن كلّ نقيصة، وبعيد عن كلّ ادعاء.

تحتل صفة التوحيد من بين صفات الكمال الأهمية القصوى، ولذا فقد منحها القرآن القسط الأوفر من الشرح والتوكيد إلى حدِّ أنّ السورة التي انتهى بها القسم الأخير من القرآن توجّه النبي ﷺ إلى إعلان مفهوم التوحيد أمام الناس جهاراً، فجاءت سورة الإخلاص: ﴿قُلْ هُوَ ٱللَّهُ أَحَدٌ * ٱللَّهُ ٱلصَّمَدُ * لَمْ يَلِدْ وَلَمْ يُولَدْ * وَلَمْ يَكُن لَّهُۥ كُفُوًا أَحَدٌۢ﴾[1].

وكان القرآن، بسبب أهمية صفة التوحيد، قد نصّ صراحة على أنّه لا يُقبل أي عمل من أعمال الإنسان دون الالتزام بها. وإذا التزم الشخص بها، يكون لديه أمل في أن تُغْفَر كلّ خطيئة، ولا يُغفر أي ذنب دون الالتزام بها. وسبب ذلك أن الإنسان لا يمكن أن يظلّ مُصِرّاً على ذنبه بعد أن يؤمن بعقيدة التوحيد، فإذا سوّلت له نفسه أن يذنب، فإنَّ رحمة الله وبركته ستدفعانه إلى التوبة وطلب مغفرة الله، وكلّ مَنْ هو على شاكلة هذا المؤمن سيلجأ حتماً إلى الله بحيث يصبح مؤهَّلاً للعفو والمغفرة يوم القيامة.

إنَّ دلائل التوحيد الواردة في القرآن جدّ راسخة، وهي مبنية على حقائق ثابتة ومُستمَدَّة من المعرفة والعقل. وهنا يكفي أن نعرف أنَّ الحُجّة المستخدَمة لإبطال نظام تعدد الآلهة (الشِّرك) هي أنّه لا يوجد أحد لديه أساس فكري

(1) سورة الإخلاص، الآيات: 1 ـ 4.

يخوّله الإشراك بالله. وقد طلب القرآن من مخاطَبيه، في أكثر من آية وموضع، تقديم أي حُجّة أو برهان يثبت صحة الشِّرك سواء أكانت تعتمد على أساس عقلي أو نقلي عن مصادر إلهية. والله وحده يُعلِمُنا إن كان له شركاء في الخلق أم لا. والسبيل الوحيد لمعرفة مشيئة الله في هذا الصدد هو أنَّ الكتب السماوية الموحَى بها، والأعراف والمرويّات التي كانت قد انتقلت من أنبيائه ورسله جيلاً بعد جيل، لا يحتوي أيٌّ منها على دليل يثبت تعدد الآلهة، وليس فيها ما يدلّ على صحة الشِّرك بأيّ شكل من الأشكال.

3.1. المعاملات والممارسات (السُّنَن)

إنّ الأسلوب الذي يتّبِعه الله في التعامل مع عباده يُسمَّى بحسب الاصطلاح القرآني (سنّة الله)، ويقول الله تعالى إنّها سُنَن ثابتة غير قابلة للتغيير. وإذا كانت معرفة صفات الله أمراً ضرورياً، فإنّ معرفة سُنَّته لا تقلّ عنها ضرورة من أجل أن يعرف الإنسان خالقه حقَّ المعرفة.
وفيما يلي شرح مُفَصَّل لسُنن الله:

أ. الابتلاء والتجربة

لقد خلق الله هذا العالَم ليضع الناس جميعاً موضع الاختبار، وهذه الممارسة العملية هي ظاهرة كونية تشمل البشرية كلّها، إذ يطفو بها على سطح النفس ما كان مخبوءاً تحتها، ويظهر كلّ ما هو متأصل في الطبيعة البشرية نتيجة هذه التجربة، وتتكشّف بفضلها أسرار الشخصية الداخلية بمختلف مستوياتها سواء ما تعلق منها بالمستوى الأيديولوجي أم بمستوى السلوك العملي. ويرى القرآن أنّ الله خلق الموت والحياة ليحكم على الناس، ويفصِل بين من تمرّد وخرج على طاعة الخالق، وبين من امتثل لها. وليس هناك من شكٍّ في أنّ الله عليم بكلّ شيء، ولكنّه اختطّ لنفسه سُنّة، وهي أنّه لا يكافئ الناس ويثيبهم أو يعاقبهم على أساس علمه فقط، بل على العكس، فإنّه يفعل

ذلك على أساس أعمالهم. ولهذا الغرض بالذات، طبّق على الأرض نظام الابتلاء والاختبار.

إنّ ما يمرّ به الإنسان في هذا العالم من شقاء وهناء، وفقر وغنى، وحزن وسعادة، محكوم بتلك السُّنَة الإلهية. وحين يُنْعِم الله على عبده بالمال والجاه، فإنّه يختبر امتنانه وعرفانه. وحين يُحِلُّ به العوز والمشقّة، فإنه يختبر صبرَه وجَلَده.

ب. الهدى والضلال

إنّ المتوخّى من هذا الابتلاء هو أن يُحصِّن المرء نفسَه من الضلال، وأن يسلك منهج الهدى سلوكاً واعياً. والهدى من المنظور القرآني هو فطرة إنسانية متأصّلة في طبيعة الشخص ذاته، إذ حين يبلغ مرحلة النضج العقلي يرى من آيات السماء والأرض ما يوجّه عنايته إلى الهدى. وإذا كان الإنسان يقدر هذه الهدى، ويعتز به، ويستفيد منه، ويشكر ربه عليه، فإنّ مِن سُنّة الله أن يزيد له نوره، ويخلق في داخله الرغبة في المزيد من الهداية. ونتيجة لذلك يمنحه القدرة على الاستفادة من الهدى الذي جاء به أنبياء الله.

أمّا إذا أعرض الإنسان عن إعمال عقله، وحاد عن هدى الإيمان، وتجنّب الحقّ متعمّداً، فإنّ القرآن يسمي ذلك الظلم (ظلم النفس) والفِسق (الخروج عن طاعة الله)، ولا يهدي الله أبداً من أمعن في ظلم نفسه، ودأب على الفِسق. بل يتركه يعمَهُ ويتخبّط في ظلمات الضلال.

ج. التكليف بما لا يُطاق

لا يكلفّ الله البشر ـ حسب شرائع أنبيائه ـ تكليفاً يفوق حدود قدراتهم. ويجب التحقُق وفق أوامر الله من عدم تحميل الناس ما لا طاقة لهم بحمله، وأن تُراعى في ذلك حدود قدرتهم على الاحتمال. ولهذا، فإنّ الإنسان لا يخضع للحساب والمساءلة إذا ارتكب ذنباً بسبب النسيان أو الالتباس

في الفهم أو الغفلة والسهو. وكلُّ ما يشترطه الله على عبده هو اتباع أوامرِه وتحاشي نواهيه بصدق وأمانة تامَّين. ولكنّ هذا لا يعني أن ينتهج الإنسان مسلك العصيان متذرِّعاً بعدم قدرته على احتمال النهج المقابل. ولا بدّ من أن ننتبه في هذا السياق إلى أنّ الله قد يكلّف الإنسان بما لا يُطيق بقصد تأنيبه وتهذيبه وإصلاحه، أو معاقبته، أو إظهار عواقب الأفعال الشريرة، أو توعية الناس وتبصيرهم بعجزهم أمام جبروت الذات الإلهية.

د. صعود الأمم وسقوطها

إنّ ما ينطبق على الأفراد وفق قانون الابتلاء المذكور ينطبق أيضاً على الأمم، فإذا كان الله قد أخضع الأفراد لاختبار الصبر عند الشدائد والامتنان عند الرخاء، فإنّه يرخي، أيضاً، العِنان لأمة ما، ويهيّئ لها الظروف لتنهض وتتطور حتى تتبوّأ أعلى منزلة بين الأمم. فإذا انحدرت إلى الحضيض أخلاقيّاً وعلميّاً، تقضي سُنَّة الله، عندئذٍ، أن يذلّها ويهوي بها إلى مصيرٍ مذموم، ولا تستطيع أيّ أمة أخرى أن تمدّها بالعون أو تساعدها ضدّ إرادة الله. وتاريخ البشرية كلّه شاهد على هذه السُّنَّة المتعلقة بنشوء الأمم ثم سقوطها.

هـ. المَدَد الإلهي (النصرة)

عندما يعهد الله إلى فرد أو جماعة بمهمة من مهماته ويأمرهم بإنجازها، فإنه يُمِدُّهم بالعون. ويمكن أن تتمثل هذه المهمة بالدعوة ونشر رسالته، ويمكن أن تتعلق أيضاً بالجهاد والحرب. وقد آلى الله على نفسه أن ينصر من كلّفهم بتلك المهمة من المؤمنين. لكنّ هذا العون الإلهي لا يأتي على نحو عشوائي، بل يقوم على مبدأ مذكور في القرآن، ووفقاً لهذا المبدأ يتلقى الناس هذه المساعدة من الله.

و. الندم والتوبة

إذا ارتكب الإنسان ذنباً، تبقى لديه فرصة للتوبة. والقاعدة المتعلقة بهذا الشأن أنه إذا تاب الإنسان بعد الذنب مباشرة، فإنّ الله يغفر له ذلك الذنب. ولكنّه لا يغفر لمن ينغمس في ذنوبه، ويغوص فيها عميقاً طوال حياته، حتى إذا ما شعر باقتراب الموت تاب وطلب المغفرة. وبالمثل، فإنّ الله لا يغفر أيضاً لمن يتعمّد إنكار الحقّ ويستمرّ في إنكاره حتى الموت.

ز. الثواب والعقاب

الثواب والعقاب في اليوم الآخر من الحقائق اليقينية المؤكَّدة، ولكنّ القرآن يوضّح أنّهما يحدثان أحياناً في الدنيا أيضاً؛ فالعقاب الدنيوي الأصغر هو مقدمة تمهِّد ليوم الحكم الأكبر في اليوم الآخر. والأشكال المختلفة التي يتّخذها الثواب والعقاب، قد بيّنها الله في القرآن على النحو التالي:

أولاً: إنّ من لا همّ لهم إلّا التكالب على ملذات الدنيا، ويعيشون ويموتون من أجلها، ولا يحفلون بالآخرة، يمدّ الله لهم، ويسبغ عليهم من النعم والخيرات ما لا يُحصيه عدد، ثم يصفيّ حسابه معهم في هذه الدنيا بالذات، ويكافئهم أو يعاقبهم على أساس أعمالهم في هذه الدُّنيا.

ثانياً: أولئك الذين يرفضون رسولهم وينكرونه، بعد إبلاغهم بالحقيقة وقيام الحُجّة عليهم، حتى لا يبقى لهم عذر، فإنهم يُعاقَبون في هذه الحياة الدنيا، على عكس أولئك الّذين آمنوا به، إذ إنّ بركات الله تشملهم في جميع جوانب حياتهم.

ثالثاً: وعد الله ذرّيّة إبراهيم عليه السلام بأنهم سوف يقودون جميع الأمم الأخرى

إذا تمسكوا بالحقّ، وأوعدَهم بالحرمان من هذا الدور، وبإنزال عقوبة الإذلال والعبودية عليهم إذا حادوا عنه.

2. الإيمان بالملائكة

تُسمَّى الكائنات التي يرسل الله تعالى من خلالها أوامره وتوجيهاتِه إلى خَلقه (الملائكة). ويستخدم القرآن كلمة (ملائكة)، وهي جمع لكلمة مَلَك التي تعني الرسول. وبذلك، يتضح من القرآن أنّ تلك الكائنات هي الواسطة التي يتم من خلالها الربط والاتصال بين الناس في هذا العالم وبين الله، ويدير الله سبحانه وتعالى شؤون هذا العالم من خلالهم. أمّا الطريقة التي يتم بها ذلك، فهي أنّ أيّ توجيه يتلقونه من الله سبحانه وتعالى يتمّ تنفيذه من قبلهم كمرؤوسين مطيعين له. ينقلون أوامر الله بحذافيرها، بغضّ النظر عن نواياهم وسلطتهم، لأنهم تجسيد للطاعة الكلية. وهم منشغلون طوال الوقت بالتسبيح بحمد الله وتعظيمه، ولا يعصونه أبداً.

3. الإيمان بالأنبياء

الأنبياء هم الذين ينقل الله بواسطتهم نور الهداية إلى البشرية، وهم من البشر الذين اختارهم الله لهذا الغرض على قاعدة علمه الكليّ وحكمته المطلقة. وتأسيساً على ذلك، فالنبوة هبة إلهية، لا يمكن اكتسابها بالتدريب والجهد الذاتي، بل تُمنَح لمن صان نفسه من إغواء الشيطان ووسوسته، ونأى بنفسه عن الذّنوب، وسار في قومه سيرة الصلاح والتقوى.

أرسل الله لكلّ قوم نبيّاً، وقد ابتدأت سلسلة النبوة بآدم الذي وعده الله بهداية نسله عن طريق الوحي الذي أنزله على هؤلاء الأنبياء الذين كانوا يرشدون الناس إلى الحقّ والهدى، ويحملون البشرى بالجنة لِمَن آمَن بالحقّ، ويُحَذّرون أولئك الذين لا يؤمنون به من مصير مروّع.

لم يكن الناس في الأزمنة السحيقة في حاجة إلى الأنبياء ليعرفوا الله، ويميزوا بين الخير والشرّ، لأنّ تلك الحقائق متأصلة في الطبيعة البشرية وقد فُطِرت عليها، وهكذا لم تنشأ الحاجة إلى الأنبياء لإبلاغ الناس بتلك الحقائق، بل نشأت لسببين آخرين هما:

أولاً: بعث الله الأنبياء لإتمام هداية الناس وتذكيرهم بما هو متأصِّل في طبيعتهم إجماليّاً، وبما كانوا قد عرفوه أصلاً في أعماقهم، ولتذكيرهم أيضاً بالتفاصيل اللازمة لذلك الهدف.

ثانياً: بعثَهم الله لإتمام الحُجَّة، وإيقاظ الناس من سبات الجهل. فبعد تقديم الحُجّة المستمَدَّة من العقل والعلم، يقدم الله عبر رسله حُجّة أخرى حتى لا يترك عذراً لأحد يبرِّرُ به إنكار الحقّ.

لقد تحقق هذان الهدفان على المستوى الكوني، وبلغا أعلى درجات الإنجاز من خلال نبوة مُحَمَّد ﷺ الذي انتهت به سلسلة النبوة حين صرّح القرآن أن مُحَمَّداً هو خاتم الأنبياء، وأنّ لا نبيّ بعده.

ليس هناك من عاقل يجد صعوبة في تعرّف الأنبياء. فإذا ما كان الإنسان يمتلك تفكيراً سليماً، وتزوّد بعقل بصير وقلب متيقظ، فإنه يدرك أنّ النبيّ بحدّ ذاته هو معجزة. والله، بالإضافة إلى ما سلف، يبارك أنبياءه بآيات وبيّنات مقنعة، هي من الكفاية بحيث إذا لم تستطعْ دفع المكابرين إلى الاعتراف بهم صراحة، فهي لا تدعُ لأحدٍ عذراً لإنكار صدقهم. ويتضح من القرآن أنّ هذه الآيات متنوعة، وتختلف باختلاف الأزمنة والظروف، وسنذكر بعضها فيما يلي:

1 ـ يبُعَث النبيّ، على وجه العموم، وفق نبوءة نبيّ سابق له، ونبوءة النبيّ الجديد هي تصديق وإنجاز لنبوءة القديم، ولهذا السبب، فإنّه ليس شخصية مجهولة، بل يعرفه الناس وينتظرون ظهوره. ومن المعروف أنّ النبيّ يحيى عليه السلام قد بشّر بظهور عيسى عليه السلام، وانتشر هذا الخبر في كلّ

أنحاء القدس كما ورد في التوراة. والنبوءات المتعلقة بظهور مُحَمَّد ﷺ مذكورة في العهدين القديم والجديد؛ وأحد الأهداف الرئيسية لبعثة النبي عيسى هو التبشير بظهور نبي أُمِّيّ في الجزيرة العربية، وقد ذكر القرآن دليلاً حاسماً على صحتها أنّ علماء بني إسرائيل يعرفون القرآن بالطريقة التي يعرف فيها أبٌ مهجور ابنه الموعود الذي طال انتظاره، ما يعني أنّهم كانوا يعرفون النبيّ مُحَمَّداً ﷺ معرفة تامة.

2 ـ لا نجد تناقضاً أو تفكّكاً في كلِّ ما يتلقاه النبيّ من وحي أو رسالة إلهية، وحتى أولئك الذين بلغوا أعلى درجات العبقرية في العالم كسقراط وأرسطو، وكانط وآينشتين، وغالب وإقبال، والرّازي والزمخشري، لا يمكنهم أن يدّعوا أنّ إبداعاتهم قد ارتقت إلى مستوى الوحي الإلهي من حيث التماسك والانسجام. ولهذا قدّم القرآن نفسه، وأكّد أنه يخلو من أيّ أثر للتناقض في رؤيته الفكرية الفلسفية والأيديولوجية التي يقدمها، وليس ثمة أدنى درجة من درجات التغيّر والتطور في أسلوبه البلاغي يمكن أن يتحرّاها أحد. فهل يمكن لامرئ أنفق سنوات مديدة وهو يبدع خطابات حول موضوعات متنوعة في أحوال وظروف متباينة، وعندما تُجمَع هذه الخطابات من البداية إلى النهاية تشكل خطاباً واحداً متماسكاً ومتناسقاً دون أن يخلوَ من تناقض في الرؤى، ودون أن يعكس آثار التغيّرات المزاجية لصانع ذلك الخطاب، ودون أن تخضع آراؤه للتغيّر والتبدّل؟ هذا هو المستحيل بعينه، لأن القرآن وحده هو الذي امتلك هذه الخصيصة وتميّز بها.

3 ـ يُنْعِم الله على أنبيائه بالمعجزات، وقد بيّن القرآن أنّ معجزات عيسى عليه السلام وموسى عليه السلام شواهد ودلائل على الرسالة الإلهية لكلٍّ منهما. وهي من الوضوح والإتقان بحيث لا يمكن الادّعاء بأنها مجرّد سحر وخدعة، لأنّها معروفة عند خبراء السحر العارفين بهذه الأمور، وما وُصِف بأنه سحر إنّما هو في الحقيقة معجزة إلهية خارقة.

إنّ المعجزة التي منحها الله لمُحَمَّدﷺ لإثبات نبوّته هي القرآن. والمطّلعون على اللغة العربية وبلاغتها وأساليبها الأدبية يدركون أنّ هذا الكتاب ليس منتَجاً بشريّاً، بل هو إبداع إلهي مُعجِز. ولهذا فقد تحدّى القرآن في أكثر من آية مَن ينكر أصل القرآن السماوي، ويعتبره تلفيقاً بشريّاً أن يؤلّف سورة واحدة تضاهي أسلوب القرآن المهيب وتفوقه البلاغي. فإذا كان بإمكان شخص من بينهم أن يُنتج مثل هذا الخطاب دون أية خلفية أدبية أو علميّة، وأن يأتي بمثل القرآن، فليفعل ذلك.

ما زال كتاب الله محفوظاً بعد مرور أربعة عشر قرناً على نزوله. وقد خضع العالم خلال هذه الفترة الطويلة إلى تغييرات هائلة، قدّم الإنسان خلالها كثيراً من الأيديولوجيات والأفكار التي تعرضت للدّحض والنقض والنقد بعدما كانت تُعتبَر صحيحة في نظر مبدعيها ومعتنقيها. كما أبدع الإنسان نظريات علمية حول الكون والإنسان كانت في زمن سابق صحيحة وثابتة في نظر الذين أبدعوها واطّلعوا عليها، ثم أصبحت في زمن لاحق موضع شكّ وريبة إلا القرآن؛ فهو الكتاب الوحيد الثابت الذي لا يرقى إليه شكّ الآن مثلما لم يكن يرقى إليه شكّ قبل أربعة عشر قرناً. وقد توصل دارسو القرآن إلى هذا الحكم الثابت بالنظر إلى الحقائق المتنوعة، التي قدّمها أو بالنظر إلى الأخبار عن وقائع ماضية ومستقبلية تقع خارج نطاق الحسّ، ما يثبت أنّه النص الوحيد الذي صمد أمام امتحان الزمن. والعالم، رغم الاكتشافات العلمية المذهلة، فشل في تقديم بديل أفضل للآراء التي يقدمها القرآن.

4 ـ يُعلِمُ الله سبحانه وتعالى النبيّ ببعض الأشياء المجهولة التي يستحيل معرفتها لأيّ إنسان آخر. وأحد الأمثلة على ذلك هو التنبؤات التي قدّمها الوحي الإلهي وتحققت إلى أقصى حدّ. وبعض هذه النبوءات مذكور في القرآن، وبعضها في الأحاديث المروية. فكلّ دارس للقرآن يدرك التنبؤات المتعلقة بالوقائع المستقبلية التي وقعت في الجزيرة العربية، وغلبة النبيّ مُحَمَّدﷺ وانتصاره فيها، وفتح مكة، ودخول الناس في دين

الإسلام أفواجاً. وهناك نبوءة عظيمة أخرى قدّمها القرآن، إذ تنبّأ بانتصار الروم على الفرس بعد أن كانوا قد هُزِمُوا أمامهم.

لنستمع إلى ما يقوله إدوارد جيبون تعليقاً على تلك النبوءة: «ما من نبوءة يمكن أن تكون أبعد عن التحقق منذ أن أنبأت السنوات الاثنتي عشرة الأولى من حكم هرقل باقتراب نهاية الإمبراطورية الرومانية»[1]. وقد وقعت النبوءة ـ حقّاً ـ في الوقت المُحَدَّد لها، إذ عاد الإمبراطور الروماني في آذار سنة (628م) إلى القسطنطينية محاطاً بمظاهر الأبّهة والفخامة، إذ كانت تُقِلُّه عربة تجرّها أربعة أفيال، وقد وقف حشد من الناس خارج المدينة يحملون المصابيح وأغصان الزيتون لاستقباله استقبال الأبطال.

الرسل هم رموز العدالة الإلهية في هذا العالَم، وهم يقرّرون مصير شعوبهم في الدنيا قبل الآخرة، والطريقة التي يتم بها ذلك هي أنّ الرسل إذا التزموا بميثاقهم مع الله، فسيكافَؤون في الدنيا، وإذا حادوا عنه تعرّضوا للعقاب. وفي النتيجة يصبح وجود هؤلاء الرسل علامة من علامات الله، أو آية إلهية يتراءى للناس أنها تمشي على الأرض مع هؤلاء الرسل لإقامة العدالة، وهم يصبحون بهذه الصفة قوة بيد الله لإنفاذ قضائه وقدره. ويمنح الله الغلبةَ لهؤلاء الرسل، ويُعاقِب أولئك الذين ينكرون رسالتهم ويرفضونها.

لقد أمر الله الناس أن يطيعوا النبي، وأوضح أنّ الناس ينبغي ألّا يقتصروا على تبجيله بالقول فقط، بل عليهم إظهار آيات الطاعة له أيضاً. فهو لم يُرسَل إلى الناس ليعاملوه كنبيّ فقط ثم يزْوَرُّونَ عنه بعد ذلك، وهو ليس مجرَّد شخص يُدلي بآرائه، وينصح بمواعظه فقط، بل هو مرشد وهادٍ في جميع شؤون الحياة، ولذلك يجب اتّباعه وطاعته دون أي تردّد.

وعلاوة على ذلك، فإنّ طاعة النبي ليست مُجرّد طقوس وشعائر،

(1) إدوارد جيبون، انحدار وسقوط الإمبراطورية الرومانية، المجلد 2 (نيويورك: المكتبة الحديثة، دون تاريخ)، ص788.

بل يتطلب القرآن من المؤمن أن يطيعه بروح الامتثال والصدق والتبجيل وبإخلاص تامّ.

4. الإيمان بالكتب السماوية

كما بُعِث الأنبياء لهداية البشر، فإنّ الله قد أنزل كتبه إليهم لتحقيق الغرض ذاته، والهدف من وراء ذلك أن يحمل الناس معهم، أينما حلّوا، نور الهدى مصاغاً في كلمات مكتوبة، حتى يستطيعوا أن يفصلوا بين ما هو حقّ، وبين ما هو باطل، وأنْ يحلّوا خلافاتهم من خلالها ملتزمين بهذا الأسلوب لتحقيق العدالة في شؤون الدين.

وإذا عدنا إلى التاريخ الأقدم، نجد أنّ التوراة كان يتألف من مجموعة من الكتب، كلّ كتاب منها مُنِح لنبيّ بشكل أو بآخر، والقرآن نفسه يذكر الكتب السماوية السابقة (التوراة، والإنجيل، والزّبور، وصحف إبراهيم وموسى) ويطلب من المسلمين أن يؤمنوا بها.

هناك أربعة كتب تتميّز بأهمية قصوى دون الكتب الأخرى، وهي التوراة والزّبور والإنجيل والقرآن، أوحى بالأول إلى موسى، وبالثاني إلى داوود، وبالثالث إلى عيسى، وبالرابع إلى مُحَمَّد خاتم الأنبياء، وهو الكتاب الذي ينفرد دون الكتب الأخرى بأنه ما زال محافِظاً على صيغته الأصلية وشكله ولغته ترتيب أجزائه دون أن يعتريَه أيّ تغيير مهما كان طفيفاً.

5. الإيمان باليوم الآخر

الإيمان بيوم الدين واحد من أهمّ أركان الإسلام، ويحتلّ مكانة بارزة في مهمة الأنبياء الدعوية. وتُبنَىٰ أركان الشريعة والفضيلة والصلاح والنبوة على هذا الأساس من الاعتقاد. والنبوّة مبنيّة عليه أيضاً، فقد سُمِّي النبي نبيّاً لأنه يتنبّأ

بهذا النبأ العظيم، وسُمي الرسول رسولاً لأنّه مكلّف برسالة، والقرآن هو نذير وبشير ليوم الدين.

إنّ الطريقة التي يستيقظ بها الناس من نومهم، والطريقة التي يحيي فيه المطر الأرض المَوات، والطريقة التي يتكون فيها إنسان كامل من قطرة أو نطفة من مني هي الطريقة ذاتها التي سينهض بها الأموات من قبورهم يوماً ما، ولن يتطلب ذلك من الله أيّ مشقة. وعندما يُعَبِّر مَنْ يخاطبهم القرآن عن تعجبهم من إعادة إحيائهم بعد مماتهم، فإنّهم يسألون سؤال المتعجِّب المنكِر: «مَن يحيي العظام وهي رميم؟» فيجيبهم القرآن: «يحييها الذي أنشأها أوّل مرة». والعملية كلّها سهلة ويسيرة عند الله مثل نطق كلمة بالنسبة إلينا.

وقد وصف القرآن والسُّنَّة الشواهد والعلامات والمواقع والأحداث التي تجري في هذا اليوم المهول على النحو التالي:

1.5. دلائله وبيّناته

الشاهد الأول هو وعي الإنسان بالخير والشرّ. وبفضل ذلك الوعي، فإنّ ضميره يؤنّبه عندما يقترف الذنب. وهو محكمة عدل صغيرة في أعماق كلٍّ منا تُصدِر أحكامَها النزيهة في كلّ وقت. والإنسان قادر على سماع هذا الحكم بوضوح بعد كلّ زلّة ترد في خاطره أو أعماله سواء قبل به أم لم يقبل. ويستمر على ذلك حتى يتورط في الشرّ إلى الحدّ الذي يحيط بكيانه، وبذلك يهدهد نداء الضمير الذي لا يلبث أن ينام. هذا التأنيب العميق هو شهادة ذاته الداخلية التي تسمّى شهادة (النفس اللوّامة) التي يشير إليها القرآن ليخبر الإنسان أنّه لن يهرب من الحساب على كلّ ما يفعله، ويجب عليه أن يعرف أنّ محكمة الضمير الصغرى هي مقدّمة تمهّد لمحكمة كبرى في يوم القيامة، إذ يحاسب الله الناس على أعمالهم حساباً يكون فيه العقاب والثواب من جنس العمل.

والشاهد الثاني هو طبيعة الإنسان التي جُبِلت على حبّ العدل وكراهية الظلم. ورغم كراهية الظلم، فما زال الإنسان يقترفه، ليس بسبب عجزه عن

التمييز بين هذين النقيضين، أو بسبب حبّه الظلم، بل بسبب فقده التوازنَ والاتزانَ تحت تأثير غرائزه وعواطفه. وكلّنا يعرف أنّ الإنسان عموماً يكيل بمكيالين: تُسوّل له نفسه أن يسرق ويقتل ويطفّف في الميزان، ولكنّه لا يقبل أن يكون هو نفسه ضحيةً للممارسات نفسها؛ فإذا سألنا اللصوص والقتلة والمحتالين عن أعمالهم أقرّوا بذنوبهم، وتمنَّوا زوال أسبابها، وهكذا لا يمكنُ لأحد بكامل قواه العقلية أن يساوي بين الخير والشر، وأن ينظر إليهما بعين واحدة. يقول القرآن تصديقاً لذلك: ﴿أَفَنَجْعَلُ ٱلْمُسْلِمِينَ كَٱلْمُجْرِمِينَ ۝ مَا لَكُمْ كَيْفَ تَحْكُمُونَ﴾[1].

والشاهد الثالث هو النقص الموجود في الإنسان والكون كليهما، فمهما كان المنظور الذي نرى به الأشياء، فمن الواضح أنّ قوة الخالق وحكمته تتجليان في كلّ جزء منهما. ثمة دلالة رائعة في كلّ ذرّة، ونظام وتسلسل لا نظير لهما، وكمال وتناسق ضمن أبعاد رياضية وهندسية منقطعة النظير، ورعاية استثنائية، وجمال بديع، فكلّ ذلك يُذهل العقل. وإذا حاول المرء من جهة أخرى أن يفهم الكون والإنسان بالإجمال رأى فيهما نقصاً وافتقاراً إلى الهدف، ويواجه في هذا السياق احتمالين: الاحتمال الأول أن ينظر إلى هذا العالم نظرته إلى شيء خالٍ من المعنى، وينتهي إلى أنّه عمل صانعٍ عابث يلهو ويلعب فقط، والاحتمال الثاني أن يفهمه بوصفه جزءاً من مجموع مؤتلِف مع يوم الحساب ومملكة الله السرمدية التي شهد عليها الأنبياء وصرّحوا بها. ونسأل هنا: ما هو حكم العقل بهذا الصدد؟ هذا أمرٌ يمكن لكلّ إنسان أن يفهم مراميه.

الشاهد الرابع هو أنّ الوقع المؤثر للصفات الإلهية ملموس في كلّ ذرّة من هذا الكون، وأنّ عناية الله ورحمته جديرتان باهتمام المرء الذي ينبغي له أن يسأل: كيف لإنسان ذي عقل شهد التدبير الإلهي الذي شمله بالرعاية

(1) سورة القلم، الآيتان: 35 ـ 36.

والتنشئة أن يتوقع من الله إعفاء عبده من الحساب؟ وكيف للّه الرحمن الرحيم ألّا يعاقِب مَن جعل الدنيا مرتعاً للظلم والعدوان؟ ولهذا أشار القرآن في غير موضع إلى أنّ حساب الآخرة هو نتيجة لعناية الله ورحمته وقوته وحكمته. وكيف لامرئ أن يجحد ذلك بعد اعتناقه الإيمان؟

والشاهد الخامس هو الحساب الإلهي في الدنيا بواسطة الرّسل الذين باركهم الله بمعجزات خارقة، وأيّدهم بروح القدس جبريل، ثم أقام من خلالهم محكمة أرضية صغرى على غرار المحكمة السماوية الكبرى، بغرض إثبات وجود الله ويوم القيامة بالأسلوب ذاته الذي يتم به إثبات صحة الحقائق العلمية من خلال الأدلّة التجريبية في المخابر العلمية. وبات من الواضح بعد ذلك أنّ لا عذر لامرئ في جحود الحق.

والمنهج المتّبع في عرض ذلك الدليل هو أنّ الرسل أبلغوا الناس بالحقّ، ثم صرّحوا أنهم سيعقدون لهم محكمة عادلة بتفويض إلهي. وسيكون الثواب والعقاب على أساس الإيمان والعمل في الدنيا، وكما أنّ القوانين الفيزيائية تثبت صحتها مهما حدث من تغير في أحوال المادة، فإنّ قانون الله الأخلاقي ستَثْبُت صحته أمامهم بحيث يقيم عليهم الحُجّة، ولا يترك لهم سبيلاً إلى نكران الحقّ، وهكذا فمَن استجاب لدعوة الرُّسل نال الخلاص في الدنيا والآخرة، ومن أعرض عنها ضُرِبت عليه المذلة وباءَ بالخسران.

وأيّاً كان القوم الذين ظهرت النبوة بين ظهرانيهم، فهي قد ظهرت في أحلك الظروف وأقساها، وكان ذلك حقيقة تاريخية مدهشة لأنّها وقعت بأسلوب جعل النّاس شهوداً على قيام العدل الإلهي الصارم لكي تمتلئ السماوات والأرض بنفحات جلالته وعظمته. وأبلغنا القرآن بأنّ المرة الأخيرة التي وقع فيها يوم الحساب المصغَّر كان في القرن السابع الميلادي الذي شهد حدثاً تاريخياً مذهلاً، اكتسب أهمية استثنائية لأنّه وقع تحت أنوار التاريخ المعروف، وما تزال أدقُّ تفاصيله ومراحله ماثلةً أمامنا بوضوح. وإذا قلّبنا صفحات التاريخ تراءت لنا أحداثه متجسّدة فوق صفحاته.

2.5. أشراطه وعلاماته

متى يحدث يوم القيامة؟ أخبرَنا القرآن بكلّ وضوح أنّ لا أحد لديه العلم بذلك إلّا الله، وهو وحده يعلم تاريخ وقوعه، ولم يكشف سرّه حتى إلى أنبيائه وملائكته. ومهما يكن من أمر، فثمة علامات ونذُر مذكورة في القرآن والسُّنَّة والكتب السماوية السابقة تُنذِر بحتمية حدوثه. وبعض تلك العلامات عامّ جدّاً، وبعضُها اتّخذ شكل أحداث ووقائع معينة، ولم يذكر القرآن العلامات التي تنتمي إلى الصنف العام، بل ذُكرت في الحديث الشريف فقط. أمّا العلامات التي تندرج تحت الصنف الثاني، فلم يذكر كتاب الله منها إلّا حكاية يأجوج ومأجوج، وهي العلامة الوحيدة المؤكَّدة. أمّا العلامات الأخرى المعروفة عموماً بهذا الصدد، فهي موجودة في الأحاديث التي أثبت علماء الدين صحتها. وبعض هذه العلامات ظهرت من قبل، والعلامات الأخرى ستظهر حتماً في المستقبل إذا كانت نسبتها إلى النبي ﷺ صحيحة.

3.5. حوادثه وأحواله

كيف سيحدث يوم القيامة؟ إنَّ تفاصيل ما سيقع عند قدوم هذا اليوم مذكورة في عدد من آيات القرآن التي تصوِّر ما سيحدث للسماوات والأرض، وما سيحلّ بالشمس والقمر والكواكب والنجوم، وتصور الموقف الجديد الذي ستواجهه المخلوقات، وكيفية بعث الأموات من قبورهم واحتشادهم أمام الله، وتظهر دراسة الأدب العربي قبل الإسلام أنّ ذوق العرب كان أميل إلى الحكايات الرمزية الأخلاقية من التشبيه البياني، وقد قدّم القرآن بناءً على هذا الاعتبار صورة عن أهوال يوم القيامة بأسلوب بلاغي، هو من الحِذق والمهارة، بحيث يجعل القارئ يشعر بتلك الأحداث، ويراها كأنّها تحدث أمامه.

وتسلسل أحداث القيامة حسب القرآن يقع على النحو التالي:

أ ـ سيكون الناس غارقين في مشاغلهم اليومية الروتينية، هذا يسلك

طريقاً، وذاك يقصد سوقاً، وهؤلاء يعقدون اجتماع عمل، وأولئك على الأرائك متكئون في منازلهم، وما من أحدٍ منهم ترد على ذهنه إلماعة خاطر أو وميض فكرة أنّ العالم كلّه ستتزلزل أركانه ويتقوّض بنيانه عند النفخ في الصور. وقد تنبّأ القرآن في عِدة آيات بما سيقع لمخلوقات الأرض حين تحدث جلَبَة الفوضى المرعبة والفزع الرهيب. وكلّما حدثت زلزلة أعقبتها أخرى على نحو تُصبح فيه حال الأرض كحال سفينة تُطوّح بها الأمواج العاتية يمنة ويسرة، وستأخذ الرّجفة الناس وقد خطف الرعب بريق أبصارهم ودفع بهم إلى الجنون.

ب ـ سيتصدّع في هول ذلك اليوم العالَم الفيزيائي، وستتعالى الصيحة المهولة في كلّ أنحاء الكون، وتتفتت الجبال كالعِهن المنفوش، وتتفجر البحار، وتنزاح المجرّات والأجرام السماوية عن مداراتها وتتصادم، ويذوب بعضها في بعض، ولا يمكن للعقول أن تتخيل هذا الانقلاب الكوني المفزِع الذي هو خارج قدرة اللغة على الإحاطة به. ويظلّ هذا الاضطراب إلى أجَلٍ غير مُسمًّى.

ج ـ تبدأ بعد ذلك المرحلة الثانية التي يتمّ فيها، كما ذكر القرآن، إعادة الخلق؛ فمن وسط الدمار يظهر عالَم مادي جديد تحكمه قوانين فيزيائية جديدة، إذْ إنّ جميع الأجرام السماوية (الأرض والشمس والقمر والمجرّات التي تتكوّن من بلايين النجوم والكواكب) ستتحول كلّها إلى أرض وسماء جديدتَين. ويؤكد القرآن أنّ هذه المرحلة الحاسمة ستشهد نفخة بوق ثانية ينهض بها الأموات من أجداثهم، ويُقَدّمون إلى محكمة العدل التي أعدّها الله لهم.

4.5. أطواره وأماكنه:

ذكر القرآن أيضاً مراحل القيامة التي يمرّ بها الناس، وأماكن استقرارهم خلال رحلتهم إلى لقاء ربّهم، وهي حقيقة مؤكّدة وحتمية رغم بطء حدوثها.

تبدأ المرحلة الأولى بالموت كحتم وقضاء يأتي صباحاً أو مساءً، وفي الطفولة أو الشباب أو الشيخوخة. وقد يأتي الموت المرء وهو جنين في أحشاء أمه، أو بعد مولده من حيث لا يحتسب، وذلك بعد إقامة قصيرة في هذا العالم. والموت هو مسلّمة بديهية تفرض نفسها على الإنسان شاء أم أبى، ويمكن تعريفه في الرؤية القرآنية بأنّه انفصال شخصية الإنسان الحقيقية (الروح) عن وعائها (الجسد)، أو هو مغادرة الروح الخالدة الجسدَ الفاني. ويتولى قبضَ الأرواح مَلَك قائم على رأس مجموعة من الملائكة، وقد كلّفه الله بهذه المهمّة مثلما تكلِّف أجهزة الدولة أحد موظفيها القيام بعمل يقع تحت نطاق اختصاصه.

ويصور القرآن عند هذه النقطة ما يحدث لأرواح الذين كفروا بالأنبياء بعد ما أتتهم البينات بصدق نبوءتهم، إذ تتولى الملائكة معاقبة الكافرين بالضَّرب والصفع، متوعدةً إياهم بعذاب رهيب ينتظرهم. أمّا مَن آمن بالأنبياء وبرّأ ذمَّته من شوائب الإنكار والشِّرك والاعتداء على حقوق الآخرين بأيّ وسيلة، فإنّ الملائكة تستقبله بالبشاشة والترحيب وتبشِّره بالفردوس.

أمّا أماكن استقرار أهل القيامة فتُسمَّى على التوالي: البرزخ، والمحشر، والجحيم، والجنّة. فالبرزخ هو العالم الآخَر الذي يبقى الأموات خارج نطاقه حتى يوم الحساب، وقد أُطلِقت كلمة (القبر) مجازيّاً في بعض الأحاديث النبوية للدلالة على ذلك العالم الذي سيبقى الناس فيه أحياء بأرواحهم خارج حدود أجسادهم المادية، ويكون فيه إدراك النفس (الروح) وعواطفها وتجاربها ومشاهداتها مماثلة تقريباً للصور الحُلْمِيّة. ويتضح ممّا ورد في القرآن أنّ الناس الذين حُدِّد مصيرهم تحديداً حاسماً فئتان: فئة الصالحين الذين ثابروا على إيمانهم بالله وينتظرهم الثواب، وفئة المنكرين الذين جحَدوا الحقَّ بدافع الخُيَلاء والغرور، وينتظرهم العقاب، وأمرُ هؤلاء واضح ومحسوم، ولذلك فإنهم لن يخضعوا للحساب والمساءلة، بل سيدخلون

مباشرة الجنة أو النار دون أن يخضعوا إلى ما يشبه التحقيق الجنائي الذي يتحرّى الحقيقة قبل إصدار الحكم.

والمكان الثاني هو المحشَر، إذ يقول القرآن: إنّ الناس سيُبعَثون بعد نفخة الصور الثانية من قبورهم، ويقفون في المحشر، وقد مُنِحَ كلّ واحدٍ منهم روحاً وجسداً جديدين ليكون مؤهَّلاً لمواجهة الله، لكنّ الروح والجسد هذين يحملان سمات الشخصية نفسها التي عاش بها في الدنيا.

وينقسم الناس في ذلك اليوم إلى ثلاث مجموعات هي: السابقون إلى معرفة الحقّ، والصالحون، والمجرمون. سيَحمِل من ينتمي إلى الفئتين الأولى والثانية كتاب أعماله بيمينه. أمّا مَن ينتمي إلى الفئة الثالثة فستُربَط يداه خلف ظهره، ويُؤتى كتابَه بشماله من خلفه.

يصف القرآن الجحيم بأنها ساءت مقرّاً، وهي بئس المصير، وبئس المآل. يصطلي المجرمون بحرِّ نارها، وتتشوّه وجوهم، وتنطفئ عيونهم، وتنسلخ جلودهم، ثمّ تصل إلى قلوبهم فتشويها، وأعناقهم مغلولة، وأيديهم مربوطة بالسلاسل، ويندمون على كفرهم، ويُحرَمون من رحمة الله الذي يُشِيح عنهم، ولا ينظر في وجوههم.

ويصف القرآن، في المقابل، الجنة بأنّها مأوى الصالحين الفسيح، ومقرّ السعادة الأبدية حيث لا تجتمع فيها الأضداد، ولا يقترن فيها الحزن بالسعادة، ولا القلق بالرضا، ولا المشقة باليسر، ولا العذاب بالنعمة كما تقترن في الدنيا. راحتها سرمدية، ونعيمها دائم، وأيامها ولياليها خالدة، وسلامها أبدي، ومصادر سعادتها لا تنضب، وجمالها لا يُشوَّه، وكمالها لا ينقص. وسيمنح الله فيها عباده الصالحين ما لا عينٌ رأت، ولا أذنٌ سمعت، ولا يدٌ لمست، ولا أخيلةٌ أحاطت.

ثانياً:

الأخلاق والفضائل

الشرط الثاني المهمّ الذي فرضه الدين، بعد الإيمان، هو تزكية الأخلاق بما يفرض تطهير كلّ سلوك أو عمل يتعلق بالخالق أو المخلوق. ويطلق على ذلك اسم (العمل الصالح) الذي تشكّل الشريعة نتيجته الطبيعية والمنطقية. وبينما أصاب التغيير الشريعة لأسباب تتعلق بالمتغيِّرات الاجتماعية والحضارية. فإنّ الإيمان والعمل الصالح لم يطرأ عليهما أي تغيير، لأنهما القاعدتان اللتان ينهض عليهما بنيان الدين. ويوضّح القرآن تمامَ التوضيح أنّ مَن أتى اللهَ يوم القيامة وهو مزوّد بهذين الأمرين فاز بالنعيم: المستقرّ الأبدي، ويوضّح أيضاً أنّ التمييز بين الخير والشرّ، وإدراك الحدود التي تفصل بينهما بحيث لا يختلط أحدهما بالآخر، هو فطرة متأصلة في الإنسان وحقيقة كونية لا ريب فيها؛ فإذا ارتكب الإنسان ذنباً تجده يتستّر عليه إدراكاً منه لعدم صوابيته، أو يختلق الأعذار التي تسوّغ مسلكه المناقض لفطرته تسويغاً واعياً، وإذا وقع ضحية لظلم الآخرين المماثل للظلم الذي أوقعه بغيره، استهجنه وندّد به.

وقد تكون ثمّة اختلافات في تفسير هذه المقدرة الفطرية على تمييز الخير من الشر، بسبب اختلاف الظروف وتفاوت مستويات الإدراك بين

الناس، لكنّ نعمة الله التي أسبغها على عباده هي أنّه أزال أيّ إمكانيّة لحدوثها حيثما كان ثمة احتمال لوجودها، فأرسل لهذا الغرض الأنبياء والرسل لهداية النّاس إلى التمييز بين الخير والشرّ، هذه الهداية هي الشاهد على ما يُكِنّه المرء في دخيلته مثلما هي موضع شهادة المعرفة الحدسية والعقلية، والمعرفة الإمبريقية (التجريبية)، والمعارف المتفرعة عن القوانين الفيزيائية.

1. مبادئ أساسية:

عماد الفضيلة هو الأمر بالعدل والإحسان، والإنفاق على الأقرباء (إيتاء ذوي القربى). وهو يحرِّم الفِسق والشرّ والغرور (ينهى عن الفحشاء والمُنكَر). وقد أقرّت الديانات السماوية تلك الأوامر والنواهي بوصفها مسلّمات وحقائق بديهية، فالوصايا التوراتية العشر مبنية عليها، وفصّلها القرآن أيضاً كجزء من منظومته الأخلاقية. ويمكن شرحها على النحو التالي:

الأمر الأول هو العدل، ويعني وجوب تأدية الالتزامات والواجبات بحذافيرها مهما كانت درجة مشقّتها، وسواء أحببناها أم كرهناها.

الأمر الثاني هو الإحسان الذي يسمو فوق العدل، وهو لبُّ الفضيلة حين تبلغ الدرجة الأعلى من التأوّج والكمال. وبينما يعني العدل تأدية الحقّ بلا زيادة أو نقصان، فإنّ الإحسان يعني تأديته فوق حدّ العدل مغموراً بفيض مشاعر السماحة والكرم، إذ يعطي الإنسان بموجبه عطاءً يفوق ما هو مفروض عليه، أو يأخذ أقلّ ممّا يستحق، ما يسهم في ارتقاء قيم الحبّ والتعاطف والشفقة والتضحية والصّدق والامتنان والمروءة التي تضفي على الحياة ثوب الجمال.

والأمر الثالث هو الإنفاق على الأقرباء الذي يُعَدُّ من أهم فروع الإحسان، ويحدّد شكله في الوقت ذاته. وهم من هذا المنظور شركاء في مال المحسِن يهبُّ إلى تلبية احتياجاتهم الأساسية مثلما يلبي احتياجاته التي

تخصّه، وذلك حين يحلّ بهم العوز والفاقة. وثمة ثلاثة أشياء نهى الله عنها في مقابل ذينك الشيئين اللذين أمر بهما. وهي:

- أول المحرّمات هو الفاحشة كالزّنا والجنسية المثلية (اللواطة)، وأشياء أخرى من هذا النوع.
- وثانيهما هو المنكَر الذي يشير إلى الآثام التي كان البشر قد أدركوا معناها، وكانوا يعرفونها دائما بأنّها منكَر. وهي من الوضوح بحيث لا تحتاج إلى دليل أو برهان عليها. وكلّ تقاليد الدين والثقافة تراها قبيحة؛ فالقرآن الذي يستخدم كلمة (الإثم) تارةً، وكلمة (المنكَر) تارةً أخرى للدلالة على سوء الفعل وقبحه أوضحَ أنّ تلك الأفعال هي التي تقود ضمن علاقة سببية إلى اغتصاب حقوق الآخرين.
- والمحرّم الثالث هو الغرور والعصيان، فإذا امتلك الإنسان ما لا يستحق من القوة والنفوذ، فإنه يتخطى حدوده، ويغير على حقوق الناس وحقوق الله على حد سواء.

2. الفضائل والرذائل

فصّل القرآن الفروقَ بين ما هو صائب وما هو خاطئ من الناحية الأخلاقية، فبدأت آياته بالنهي عن الإيمان بتعدد الآلهة (الشِّرك)، وانتهت بتحريمه تحريماً جازماً. وتبنيّ القرآن هذا الأسلوب المتدرّج يهدف إلى إلقاء الضوء على أهمية عقيدة التوحيد (الإيمان بوحدانية الله) التي تحمي الدين برمّته وتصونه من الفساد والتصدّع مثلما يحمي السور الخارجي ما يقع ضمن دائرته من ممتلكات وأشياء. وتكمن أهميتها أيضاً في كونها من مستلزمات العدالة التي وجّه القرآن أتباعه إلى بناء صرحها، ولهذا السبب تحديداً، يُسمَّى الإشراك بالله (الظلم العظيم). وقد بيّن القرآن عواقبه الوخيمة بكلّ وضوح، فهو في نظر الله ذنب لا يُغتفَر، ويستحق عقوبة الإذلال وورود نار جهنم.

ما هو الشِّرك؟ هو في نظر الاصطلاح القرآني أن تجعل مع الله آلهة أخرى (أنداداً)، ويتخذ صوراً مختلفة.

- أن تنظر إلى إنسان على أنّه ينتمي إلى الجنس نفسه الذي ينتمي إليه الله.
- أن تنظر إلى إنسان على أنّه يؤدّي دوراً في الخلق أو أن يدير شؤون المخلوقات، بالأسلوب الذي يظهر فيه كأنّه كفو أو ندٌّ للخالق.

ومن أمثلة النمط الأول من الشِّرك المعتقدات المسيحية، وعقيدة مشركي الجزيرة العربية فيما يتصل بطبيعة المسيح ومريم العذراء والملائكة، وعقيدة وحدة الوجود الصوفية.

ومن أمثلة النمط الثاني المعتقدات المتعلقة ببراهما وفشنو وشيفا في الديانة الهندوسية، أو المعتقدات المتصلة بالغوث والقطب والأبدال والداتا (المعطي) وغريب نواز (معطي الفقراء) بين المسلمين. وينتمي إلى النمط نفسه الإيمان بالأرواح الشريرة والنجوم وقوى الشيطان. وتفاصيل التعليمات والتوجيهات الأخرى بهذا الصدد هي كما يلي:

1.2. عبادة الله

وأول توجيه يتعلق بهذا الأمر أنه إذا كان الله يتفرد بالوحدانية، فيجب أن تتَّجه العبادة إليه وحده، وهي عبادة تتأسس في جوهرها على التواضع والذل كما ذكرنا سابقاً، ويتجلّى ذلك الجوهر كأبرز ما يكون التجلي في طاعة الله. وبما أنّ الإنسان يعيش حياة عملية تتعلق برزقه ومعاشه، فإنّ عبادة الله التي تتصل بذلك الجانب تتضمن معنى الطاعة، وتتمثل مظاهر العبادة في الحالة الأولى في تعظيم الله والتسبيح بحمده، والصلاة له، والدعاء والسجود والركوع والقسم على مرضاة الله، وتقديم الأضاحي والاعتكاف.

وأما بالنسبة إلى الحالة الثانية فيقول: إذا نظرنا إلى إنسان على أنّه قادر على سنِّ قوانين وضعية مستقلة، فمن باب أولى أن ننظر إلى الله على أنّه يملك

سلطة التحليل والتحريم، وأن نخضع لأوامره وتوجهاته. وقد اقتضى الأمر الإلهي ألّا يُؤدّى شيء مما ذكرناه سالفاً إلّا لوجه الله فإذا ما عظّمَ إنسانٌ إنساناً آخر، وسبّح بحمده، وصلّى له، ودعا باسمه، وركع وسجد له، وأقسم به، وقدّم له القرابين، ونظر إليه على أن له مرجعية التحليل والتحريم، فمعنى ذلك أنه يعصي الله.

2.2. الإحسان إلى الوالدين

التوجيه الثاني الذي نجده حاضراً في كلّ الكتب السماوية هو معاملة الوالدين بالحُسنى. وما من شكٍّ في أنّ المرء يجب أن يقدّم التزامه وواجبه نحو والديه على أي التزام آخر، ويجب أن يقع الوفاء به بعد عبادة الله[1]، لأنّ الأم والأب هما سبب قدومه إلى الدنيا، وهما اللذان قدّما له الرعاية والتنشئة. وأوصى الله المرء أن يكون ممتنّاً لأبويه بعد الله امتناناً قوليّاً وفعليّاً على النحو التالي:

أ ـ معاملة المرء والديه بأسلوب يقدم من خلاله آيات الاحترام في المظهر والمخبر. ويجب ألا يحمل قلبه لهما أية شبهة بغض، وألّا يتأفف في وجهيهما، وألّا ينهرهما، بل يعاملهما بحبّ وحنان ولباقة بأسلوب يعكس طاعته لهما، وأن يوفر لهما أسباب الراحة في شيخوختهما، وأن يكون موضع طمأنينة لهما.

ب ـ والأمر الثاني المذكور في إحدى آيات القرآن أنّ عليه أن يمتثل لوالديه، ويطيعهما طاعةً تنشأ من محبّته وعطفه عليهما، لأنهما كانا يحميان أطفالهما من صروف الزمان كما يبسط الطائر جناحيه ليضمّ فراخه ويحميها من غوائل الجوارح المفترسة. وينبغي للابن الآن أن يمدّ لهما ظلّ رحمته. ويغمرهما بفيض حبّه بالأسلوب ذاته إقراراً منه

---

(1) ﴿وَقَضَىٰ رَبُّكَ أَلَّا تَعْبُدُوٓا۟ إِلَّآ إِيَّاهُ وَبِٱلْوَٰلِدَيْنِ إِحْسَـٰنًا ...﴾، سورة الإسراء، الآية: 23.

بفضلهما السابق عليه، ويجب أن نلاحظ هنا أنّ الابن مهما أفرغ طاقته واستنفد جهده في رعاية أبويه، فلن يكون قادراً على أداء حقّ والديه أداء كاملاً.

ج ـ والأمر الثالث هو وجوب الدعاء المتواصل للوالدين إقراراً بفضلهما المتقدّم حين كان يتلقى منهما، وهو طفل، صنوف الحبّ والرعاية. فعليه أن يدعوَ الله ويبتهلَ إليه كي يغمرهما بلطائف بركاته التي تعينهما على ضعف الشيخوخة وهشاشة الكبَر، والدعاء هو حق الآباء على الأبناء، وتذكار لهما بتأدية هذا الحقّ، ومحفِّزٌ على مشاعر الحبّ والحنان.

هذا بالنسبة إلى علاقة المرء بالوالدين. أمّا علاقته بالناس الآخرين الذين يقعون ضمن دائرة القرابة، فيجب أن يتخذ منهم موقفاً مشابهاً يتناسب مع درجة القرابة التي تربطه بهم قرباً أو بعداً. وهكذا، أوصى الله بالإحسان إلى الأقرباء والأيتام والمعدَمين والجيران والمسافرين والمرؤوسين في العمل والوظيفة.

3.2. الإنفاق في سبيل الله

التوجيه الثالث هو الإنفاق في سبيل الله؛ وفحواه أنّه إذا أنفق الإنسان على نفسه ممّا أنعم به الله عليه، فينبغي عليه أيضاً أن ينفق على مَن هم في مقام إخوته من الناس بعد تلبية حاجاته الأساسية الشخصية والعملية. ويتبيّن من القرآن أنّ مَن أراد أن يكون عبداً صالحاً، فلا بدّ من أن يلتزم بشيئين هما: بناء علاقة تقوم على أسس صحيحة مع الله أولاً، ومع الناس ثانياً. ويمكن إنجاز الأمر الأول بالصلاة: التعبير الأسمى عن حبّ الله، ويُنجَز الثاني بالإنفاق في سبيله لأنّه أيضاً التعبير الأسمى عن حبّ الناس. وأعظم ثواب يناله المرء هو محبّة الله له، لأنّ ما ينفقه الإنسان على الأرض يجتمع ويُدَّخَر له مثل كنز في السماء كما قال سيدنا المسيح، ونتيجة لذلك، فإنّ قلبه يصبح هناك في السماء

أيضاً[1]. لأنّ ما ينفقه على الأرض مدَّخر في السماء، فما يخسره على الأرض يربحه في السماء. فأنت تخسر المال فتربح المحبّة، على حدّ كلمات السيد المسيح ﷺ، ويظلّ قلبك مشغولاً هناك في السّماء. والإنفاق في سبيل الله هو حقّ يجب أداؤه للأقرباء والأيتام والمحتاجين، وأيّ تراخٍ في أدائه يمكن أن يجعل الإنسان في نظر الله مجرماً يغتصب حقوق الآخرين. وهكذا، أوضح القرآن أنّه إذا أخذ المرء يكدّس المال والثروة غير مبالٍ بحقوق الآخرين فيه، فذلك من الكنز[2]، وجزاؤه جهنم[3] التي يفزع منها المؤمن إلى الله.

ويُوفَّق في هذا الإنفاق مَن كانوا معتدلين في مصاريفهم، ويعتبرون أنّ ما لديهم من رزق هو من فضل الله عليهم لا من حكمتهم وتدبيرهم، ولذلك يكون لديهم الدافع والإرادة كي ينفقوا أموالهم على هذا النحو الصحيح. وبالتالي، يمكن هنا ذكر أمرين آخرين:

أولهما: لا يجوز الإسراف والتبذير وتبديد الثروة لأنها نعمة من الله. والموقف الصحيح في هذا الصدد هو أن ينفِق الإنسان على احتياجاته الأساسية المشروعة باعتدال وحسن تدبير، وما يدّخره يُعتبَر أمانة لأصحاب الحقّ، وعليه أن يؤدي هذه الأمانة إليهم بمنتهى العناية مقتنعاً بأنّ للآخرين حقّاً فيها يجب أن ينالوه من باب عودة الأمانة إلى صاحبها الأصلي. والسبب في ذلك هو أنّ الشخص الذي لا يمتلك مثل هذا الموقف المتوازن في إنفاق المال، لن يكون قادراً على إيجاد وقت يقتطعه من حياته التي انغمس فيها باللهو وجمع المال للوفاء بهذه الواجبات فيما يتعلق بالآخرين.

---

(1) إشارة إلى قول السيد المسيح: «إِنْ أَرَدْتَ أَنْ تَكُونَ كَامِلًا، فَاذْهَبْ وَبِعْ أَمْلاَكَكَ وَأَعْطِ الْفُقَرَاءَ، فَيَكُونَ لَكَ كَنْزٌ فِي السَّمَاءِ، لأَنَّهُ حَيْثُ يَكُونُ كَنْزُكَ هُنَاكَ يَكُونُ قَلْبُكَ أَيْضًا» (متّى 19:6 ـ 21). (المترجم).

(2) الكنز: الاحتفاظ بالمال دون أداء ما يجب من الزكاة. (المترجم).

(3) ﴿وَٱلَّذِينَ يَكۡنِزُونَ ٱلذَّهَبَ وَٱلۡفِضَّةَ وَلَا يُنفِقُونَهَا فِي سَبِيلِ ٱللَّهِ فَبَشِّرۡهُم بِعَذَابٍ أَلِيمٖ﴾، سورة التوبة، الآية: 34.

ويؤكد القرآن أنّ الذين يُبَذِّدون ثرواتهم في غير وجوه الحقّ هم إخوة الشياطين، والشيطان جاحد وكافر بنعمة ربّه[1]، ولا همَّ له إلاّ إغراء الناس وإغواؤهم بإنفاق مالهم على ما يُغضِب الله. وحين يشرح القرآن الموقف المتوازن من الإنفاق يقول بأنّ على المرء ألّا يكون بخيلاً ولا مسرفاً مُبذِّراً، لأنه حين يفقد المال ستأكل قلبه الحسرة والندامة[2]. وعليه، على العكس من ذلك، أن ينفق ماله بطريقة متوازنة، وأن يدَّخر دائماً شيئاً يتمكن به من مساعدة الآخرين عند الحاجة.

والأمر الثاني: إنّ حكمة الله وإرادته هي التي تحكم الظروف المالية للشخص بحيث تنحصر مهمة الإنسان في السَّعي الدؤوب لتحصيل الرزق، ومن فاتته هذه الحقيقة يتحجّر قلبه إلى الحدّ الذي يندفع معه إلى قتل أطفاله خوفاً من الفقر[3]. والآيات القرآنية التي تتناول هذا التوجيه، تلمِّح في أحد المواضع إلى عادة عرب الجاهلية التي تتعلق بوأد البنات وهنّ على قيد الحياة، متذرّعين بأنّ المرأة عضو غير منتج، وتُشَكِّل عالة على الأسرة وعبئاً على أهلها. ولذا فقد حرّم كتاب الله تلك العادة المُشينة، وأكّد أن الله هو مصدر الرزق، وأنّه عليم وبصير بالظروف التي يمرّ بها المرء.

4.2. العِفّة والاحتشام

التوجيه الرابع هو تجنّب الزّنا، لأنه بذاءة صريحة وممارسة فظيعة تُعَدّ من الفواحش المنكَرة التي لا تتطلب حجّة للتدليل على بشاعتها وفجورها وسوء عاقبتها، وكانت الطبيعة البشرية تعتبره دائماً إثماً كبيراً وجريمة فظيعة

---

(1) ﴿ إِنَّ ٱلْمُبَذِّرِينَ كَانُوٓاْ إِخْوَٰنَ ٱلشَّيَٰطِينِ ۖ وَكَانَ ٱلشَّيْطَٰنُ لِرَبِّهِۦ كَفُورًا ﴾، سورة الإسراء، الآية: 27.

(2) ﴿ وَلَا تَجْعَلْ يَدَكَ مَغْلُولَةً إِلَىٰ عُنُقِكَ وَلَا تَبْسُطْهَا كُلَّ ٱلْبَسْطِ فَتَقْعُدَ مَلُومًا مَّحْسُورًا ﴾، سورة الإسراء، الآية: 29.

(3) ﴿ وَلَا تَقْتُلُوٓاْ أَوْلَٰدَكُمْ خَشْيَةَ إِمْلَٰقٍ ۖ نَّحْنُ نَرْزُقُهُمْ وَإِيَّاكُمْ ﴾، الإسراء: 31.

لا ترتضيها إلّا الضمائر الفاسدة. والحقيقة المنزّهة عن الشكّ هي أنّ مؤسسة الزواج هي حاجة ضرورية للإنسان كحاجته إلى الماء والهواء. ولا تترسّخ هذه المشاعر الطبيعية وتتعزّز إلّا إذا كانت العلاقة بين الزوجين دائمة، وإذا زال هذا الجانب المهم، صار المجتمع أشبه بقطيع حيوانات سائب، خالٍ من العواطف الطبيعية النبيلة، وافتقد بذلك الأسس الصحية السليمة التي يمكن أن يُبنى عليها.

لم يكتفِ الله بتحريم الزّنا فحسب، بل نهى أيضاً عن الاقتراب منه بسبب فظاعته وبشاعته[1]، أي أنّه نهانا عن الاقتراب من كلِّ ما مِن شأنه أن يكون مبعث إغراء وإثارة. وقد ذُكِرَت آداب التفاعل والاختلاط بين الجنسين في القرآن لهذه الأسباب بالذات؛ وخلاصة هذه الآداب هي أنّ الرجال والنساء، فيما يتعلق باحتياجاتهم الجسدية والنفسية، عليهم غضّ البصر، وستر العورات، وإشاحة النظر عمّا يهيّج الدوافع الجنسية، وسبب ذلك أن الشيطان حين يريد نشر الفاحشة في المجتمع يبدأ بتلك الأعضاء، وهي الوسيلة التي اتّبعها ـ كما ورد في القرآن ـ في إغواء آدم وحوّاء. وبناءً على ما سلف ذكره، فإن إشاعة الزنا، وتهيئة البيئة المناسبة له هي جريمة كبرى في نظر الله.

5.2. قدسية الحياة البشرية (حرمة النفس)

التوجيه الخامس هو ألّا يقتل أحدٌ أحداً، وهذا بيان لقدسية الحياة الإنسانية التي أكدتها النواميس الأخلاقية والدينية. وقد ذكر القرآن من قبل أنّ الله كتب على بني إسرائيل أنّ جريمة قتل نفس واحدة تشبه قتل النّاس جميعاً[2].

وأوضح القرآن أنّ القتَلة لن يواجهوا الله فقط، بل يواجهون أيضاً أولياء

---

(1) ﴿ وَلَا تَقْرَبُوا۟ ٱلزِّنَىٰٓ ۖ إِنَّهُۥ كَانَ فَٰحِشَةً وَسَآءَ سَبِيلًا ﴾، سورة الإسراء، الآية: 32.

(2) ﴿مِنْ أَجْلِ ذَٰلِكَ كَتَبْنَا عَلَىٰ بَنِىٓ إِسْرَٰٓءِيلَ أَنَّهُۥ مَن قَتَلَ نَفْسًۢا بِغَيْرِ نَفْسٍ أَوْ فَسَادٍ فِى ٱلْأَرْضِ فَكَأَنَّمَا قَتَلَ ٱلنَّاسَ جَمِيعًا ﴾، سورة المائدة، الآية:32.

القتيل الذين منحهم الله سلطة القِصاص الكاملة؛ ولا يحقّ لأي محكمة أيّاً كانت صفتها أن تطلب الرحمة للقاتلين، أو تتساهل معهم دون موافقة أولياء الضحية، وتنحصر مسؤوليتها، فقط، في تنفيذ القصاص العادل إذا أصرّوا عليه، وتُذعِن لشروطهم ومطالبهم كاملة.

6.2. أكل مال اليتيم

التوجيه السادس هو وجوب صون مال اليتيم. ويُذكِّر الأسلوب البلاغي المتّصل بهذا التوجيه بنظيره المتصل بالزِّنا، إذ قال تعالى: ﴿وَلَا تَقْرَبُوا۟ مَالَ ٱلْيَتِيمِ إِلَّا بِٱلَّتِى هِىَ أَحْسَنُ﴾[1]. ويعني مضمون الآية أنّ ذلك المال ينبغي ألّا يستخدم إلّا لمنفعة اليتيم وحمايته التي يتولّاها الوصيّ عليه إلى أن يبلغ سنّ النضج القانونية ليتحمل مسؤولية ماله بنفسه.

7.2. الوفاء بالعهد

التوجيه السابع هو الإيفاء بالعهد مهما كلّف الثمن. ويرى القرآن أنّ المرء مسؤول عن عهوده[2]، وأهمها ـ كما يظهر في مواضع متعددة من القرآن ـ العهد المتعلق بالجهاد والحرب. وأمر القرآن المسلمين، في مقابل ذلك، ألا يفوا بعهودهم ووعودهم لعبَدَة الأصنام في الجزيرة العربية، وأن يلغوا اتفاقياتِهم معهم. أمّا إذا كانت المعاهدات قصيرة الأمد، فيمكن الانتظار حتى ينتهي أجلها المحدَّد، كما لا يمكن للمسلمين أن ينكثوا عهودهم مع أيِّ أمةٍ تضطهد أبناء دينهم.

8.2. الإيفاء بالكيل والميزان

التوجيه الثامن هو أنّ الأشياء يجب وزنها وقياسها بالدّقة والأمانة،

(1) سورة الأنعام، الآية: 152.
(2) ﴿وَأَوْفُوا۟ بِٱلْعَهْدِ ۖ إِنَّ ٱلْعَهْدَ كَانَ مَسْـُٔولًا﴾، سورة الإسراء، الآية: 34.

ويخبرنا القرآن أنّ الله رفَع السماوات ووضع الميزان[1]، وهو ما يعني أنّ على الإنسان أن يظلّ عادلاً ضمن محيطه الاجتماعي، وأن يقيس كلّ شيء بالميزان الصحيح الذي خُلق الكون كلّه على أساسه، فإذا حاد عن الميزان العادل حاد معه عن الإله الذي خلقه، واضطربت نتيجةً لذلك أنظمة المجتمع الاقتصادية والاجتماعية، وماجت أسسه ومكوناته بالفوضى.

وقد استُخدِمت كلمة الميزان في الأسطر السابقة استخداماً عامّاً مجازيّاً، أما الاستخدام الخاص فهو متعلّق بالغش في الميزان الذي يتخذ صوراً متعددة كالتطفيف الذي يعني إنقاص الوزن، أو التلاعب بمواصفات البضاعة مثل إضافة الماء إلى الحليب، والرمل إلى السُّكَّر، والشعير إلى القمح، فإنّ مَن يفعل هذا يرتكب الجريمة نفسها، فهو ـ وإن كان يزن بدقة، فإنه لا يعطي المشتري بالكامل ما يشتريه، لأنّ التلاعب بشروط البضاعة ومواصفاتها قرّبها من الحدِّ الذي يماثل سلب حقوق الآخرين الذي تترتّب عليه عواقب وخيمة في الدنيا والآخرة. قال تعالى: ﴿وَأَوْفُوا۟ ٱلْكَيْلَ إِذَا كِلْتُمْ وَزِنُوا۟ بِٱلْقِسْطَاسِ ٱلْمُسْتَقِيمِ ۚ ذَٰلِكَ خَيْرٌ وَأَحْسَنُ تَأْوِيلًا﴾[2].

9.2. اتّباع الظنون

والتوجيه التاسع هو عدم الحكم على أعمال الآخرين بالظن والتخمين. وقد حذّرَنا القرآن من الاستهانة بهذا التوجيه. لأنّ البصر والسمع والفؤاد (العقل) ستكون مسؤولة أمام الله. ومؤدّى الكلام هو عدم الاستسلام للظنون والتخمينات، وعدم تلفيق مزاعم وادعاءات ضد المسلمين الآخرين مبنية على ما سبق، دون معرفة وتحرٍّ عن فحوى الأمر. وكذلك يقتضي هذا التوجيه الكفّ عن بث الإشاعات والقيل والقال اعتماداً على الظنّ، أو النظر إلى الله وصفاته وتعليماته بناء على عقد مقارنات وقياسات لا تنتهي.

(1) ﴿وَٱلسَّمَآءَ رَفَعَهَا وَوَضَعَ ٱلْمِيزَانَ﴾، سورة الرحمن، الآية: 7.
(2) سورة الإسراء، الآية: 35.

10.2. التكبّر والغرور

التوجيه العاشر هو ألّا يمشي المرء على الأرض مَرَحاً واختيالاً، لأنّها مشية المغرورين. ويؤكد القرآن أنّه مهما ضرب المتكبِّر الأرض بقدميه فلن يخرقها، ومهما شمخ برأسه فلن يبلغ قمم الجبال[1]. وهذه المشية هي سلوك حركي خارجي يشي بما هو مكنون في صدر المتكبِّر من مشاعر وعواطف تكوّنت تحت تأثير الثروة والسلطة والجمال والمعرفة والقوة، وأشياء أخرى من هذا النوع؛ تكوّنت تلك المشاعر بعد أن أزاحت من طريقها المشاعر المتعلقة بعبادة الله وتعظيمه التي لا تتفجّر إلّا في قلب من سلك مسلك التواضع والاستكانة أمام عظمة الله، وخفّف وطءَ قدميه على أديم الأرض[2].

ولا ينعكس الغرور في هيئة المشية فقط، بل ينعكس في أسلوب الحديث ونوع الملابس، والمظهر الجسدي، والسلوك، وطريقة حلق اللحية والشاربين، وهي أمور يتوخى المغرور من ورائها إظهار علائم نعمته وغناه، أو يتخذها باباً من أبواب استعراض الأبّهة والمنفخة وترهيب الآخرين، وهي ـ كما نلاحظ ـ أساليب المحتالين وطرائق الخلعاء المتهتكين، وقد نهى الله، من أجل هذا، عن كلِّ ما مِن شأنه أن يُظهر صاحبه بمظهر المغرور المتكبِّر الذي تُزيِّن له عقليته الذنوب الكبيرة، فيعمد إلى اقترافها مدفوعاً بغروره وتجبّره على الله، كما يعمد إلى الاستعلاء على الآخرين، والاستهزاء بهم وشتمهم والتنمرّ عليهم، وهمزهم ولمزهم ومناداتهم بألقابهم التي يكرهونها (التنابز بالألقاب)، والحطّ من مكانة الآخرين لمجرد الاختلاف في الرأي أو العقيدة أو اللون أو الطبقة. وقد حرّم الله كلّ ما سلفَ تحريماً جازماً.

وكما وردت الوصايا العشر في التوراة، جاءت هذه الوصايا والأحكام

---

(1) ﴿وَلَا تَمْشِ فِي ٱلْأَرْضِ مَرَحًا ۖ إِنَّكَ لَن تَخْرِقَ ٱلْأَرْضَ وَلَن تَبْلُغَ ٱلْجِبَالَ طُولًا﴾، سورة الإسراء، الآية: 37.

(2) إشارة إلى قول الشاعر المعرّي:

خفّف الوطء ما أظنّ أديمَ الـ ... أرضِ إلّا من هذه الأجساد (المترجم)

العشرة في القرآن. والأخلاق عموماً هي نتيجة طبيعية لها؛ فما اعتبره الله تعالى من الكبائر وأعمال الفجور تنشأ من عصيان هذه الوصايا ومخالفة هذه التوجيهات. والقرآن واضح جدّاً في هذا الأمر، إذ يذكر أنّ الناس سيتعرضون لعقوبة هذا الانتهاك يوم الحساب. ولذلك، يجب على كلّ مسلم أن يظلّ حذراً حيال ذلك. وينبغي أن تظلّ

في خاطر المسلم واعتباره ثلاثة أمور:

أوّلها أنّ الله لن يحاسب الإنسان على العصيان الواقع من غير قصد وتعمُّد. وتنصّ الشريعة على أنّه إذا قام المرء بعمل، ثم تبيَّن أنّه يقع في دائرة الذنوب، ولكنّه ارتكبه عن غفلة أو سهو ودون تعمُّد، فإن الله سيُعفيه من العقاب.

والثاني أنّ الإنسان إذا نأى بنفسه عن عصيان تلك الوصايا، فإنّ الله سيغفر ذنوبه الصغيرة، وإلّا فإنّ ذنوبه الكبيرة والصغيرة ستسجل معاً في كتاب أعماله، ويحاسب عليها جميعاً.

وثالث هذه الأمور: إذا عصى الإنسان أيّاً من تلك الوصايا تحت تأثير عواطفه، وجب عليه أن يتوب ويصحّح سلوكه من فوره، وذكر الله أنّه سيغفر لمن ارتكب الذنب في غمرة عواطفه إذا تاب بعد ذلك مباشرة. ولكنّه لن يغفر لمن ارتكب الذنب طوال حياته ثم تاب حين شعر بدنو أجله، ولن يغفر أيضاً لمنكري الحقّ إذا ظلّوا على إنكارهم حتى اللحظة الأخيرة من حياتهم.

لقد حسم القرآن مسألة التوبة في الحالتين السابقتين، وتبقى حالة وحيدة غير محسومة، وهي أنّه إذا لم يكن المرء قادراً على التوبة مباشرة بعد ارتكاب الذنب لأسباب خارجة عن إرادته، ولكنّه لم يؤخّر توبته أو يؤجلها إلى الممات، فإنّ القرآن يصمت عن هذه الحالة صمتاً يُولِّد الخوف والأمل:

الخوف من الجزاء، والأمل بالمغفرة. ومثل هؤلاء يغمرهم الرجاء والأمل بأن ينالوا الخلاص بشفاعة النبي ﷺ.

3. كمال الفضيلة

يذكر القرآن في موضع واحد الصفات والمميّزات التي تنشأ في أعماق الإنسان حين يبلغ أوج الفضيلة فيما يخصُّ الخالق ومخلوقاته، وهي تتلاحم لتشكّل مجموعاً كليّاً أو جسداً واحداً يعكس كمال الدين الذي يحثّ معتنِقيه على أن تتشبّع أرواحُهم بها. وهي على النحو الآتي:

1.3. الإسلام

أول صفة هي الإسلام، أي الاستسلام بمعنى الخضوع إلى الله. هذا من حيث المدلول اللغوي. أمّا من حيث المدلول الاصطلاحي، فهي تدل على صيغة الدين الخارجية[1]: التعليمات والتوجيهات المتصلة بالأفعال والأقوال والكيان المادي للإنسان. وهكذا إذا همّ الإنسان بالكلام ثم سكت تحت أمر الله ونهيه، وإذا أراد أن يسمع ثم تصامم عن السمع، وإذا ارتفعت يده بالضرب ثم أُسبِلت. وإذا شرع يمشي ثم وقف... فإنّ كلّ ذلك يقع في دائرة الإسلام. وقد بيّن القرآن أنّ الأنبياء هم أفضل من مثّلوا ذلك الدين ووجّهوا أتباعه إلى الموقع الذي يُسلِمون فيه كلّ شؤون حياتهم إلى الله بالرضا والسعادة التّامّين.

(1) يشير المؤلف هنا إلى التمييز بين الإسلام بمعناه الواسع والإسلام بمعناه الخاصّ؛ يشير الأول إلى الدين الإسلامي في مجموعه الكلّي كشريعة وعقيدة إيمانية. ويشير الثاني إلى الصيغة الخارجية للدين تمييزاً له عن صيغته الداخلية وهي الإيمان، ولكلٍّ منهما شروطه وضوابطه. (المترجم).

2.3. الإيمان

الصفة الثانية هي تملّك الإيمان الذي يُعتبَر الصيغة الداخلية للدين، وهو يعني في هذا السياق الإيمان التامّ بوعود الله وعهوده مع معرفته معرفة صادقة. وهكذا فمَن آمن بالله على النحو الذي يُذعِن فيه إليه إذعاناً تامّاً، وكان راضياً بأحكامه كلَّ الرضا، فهو مؤمن صادق يحمل قلباً ذكيّاً وعقلاً مهتدياً ونيّة طيّبة. ويترك الإيمان أثره الواضح على أفكار المرء وأفعاله في وقت واحد، ويحيط بكيانه الكليّ من كلّ جانب. ثمّ مع ذكر الله، وتلاوة آياته، وإدراك تجليّاته الإعجازية داخل الإنسان وخارجه (في الكون)، ينمو إيمان المرء. وهذا هو الإيمان الذي يطلب، كما ورد شرطه في القرآن، ألّا يكون شيء في الدنيا أعزّ على قلب المؤمن من الله سبحانه وتعالى ورسوله ﷺ.

3.3. التواضع لله (القنوت والإخبات والخضوع)

الصفة الثالثة هي التواضع إلى الله، وهو تعبير سيكولوجي عميق عن طاعة الله الأبدية بكامل الصدق والتفاني، والتجلي الأبرز للرابطة التي تجمع بين الله وعبده ضمن الذات الداخلية للمؤمن على نحو يطيع فيه الله طاعة غير منقوصة، ولا يعصي له أمراً مهما قست عليه صروف الزمان، أو مهما انقاد له عنان الأمور.

والحزن والسعادة، والنشاط والعطالة، والسّراء والضرّاء، يجب ألا تصرف المرء عن الطاعة، بل يجب أن يصمد ويثبت، ولا يتعثر أمام الله تحت تأثير النزوات الجنسية والرغبات الحارة وفيوض العواطف المتدفقة، وأن يقرّ قلبه بعظمة الله وجلالته، فيعتبر الشريعة مجموعة من الأوامر التي تجسد ألوهية الرّب ولا ينبغي عصيانها. وقليل من التأمل يوصلنا إلى إدراك الطابع الكوني لهذه الصفة.

4.3. الصِّدق

الصفة الرابعة هي الصدق الذي يعني أن تكون نيّات الإنسان وأقواله وأفعاله سليمة ومستقيمة. وينسجم بعضها مع بعض. ينبغي على المرء ألا ينطق كلمة واحدة غير صادقة، وألّا تتناقض أقواله مع أفعاله، فإذا التزم بكلّ قول يصدر منه، فهذا هو الصدق في القول والفعل مع صدق النية. ونقيض الصدق حسب التسمية القرآنية هو النفاق بمعنى عدم مطابقة المظهر للمخبَر. وأوضح كتاب الله في أكثر من آية أنّ العمل الصادق هو العمل الذي ينبع من قناعة الإنسان العميقة، ويتحقق على هذا النحو الصدق في صورته الكاملة عبر أضلاعها الثلاثة: القول والفعل والنيّة.

5.3. الصبر

الصّفة الخامسة هي الصّبر التي تعني في الأصل حماية المرء نفسه من الاضطراب والقلق، ثم تطوّر معناها ليدل لاحقاً على المثابرة والتصميم على مواقف الإنسان الفكرية والعاطفية في مواجهة مشقات الحياة وعقباتها. وهي لا تمت بصلة الترادف أبداً إلى الوهن الذي ينجرُّ إليه صاحبه عند قلة الحيلة والعجز. بل هو، على العكس من ذلك، منبع العزيمة والتصميم وعلوّ الشخصية الإنسانية التي تكتسب بفضله قوة روحيّة جبّارة تساعده على مقارعة القهر الاجتماعي وتجارب الحياة القاسية بعيداً عن الشكوى والتذمر، إذ يعتبر تلك التجارب قدراً إلهياً يوجب الرضا.

والإنسان الصابر لا يترك قلبه فريسة سهلة للقلق والاضطراب عند الإخفاق والفشل والأذى، وهو عنيد في الدفاع عن الحقّ حتى لو ترصّده الموت، ويكبح جماح نفسه في السرّاء والضرّاء، ويجتهد على مدار حياته في الوفاء بكلّ عهوده، واثقاً بالله ومتوكلاً عليه إذ يقول: «إنا للّه وإنا إليه راجعون». ويذكر القرآن أنّ البركات والعطايا الإلهية تختصّ بمن يتمسك بهذه الكلمة إلى أن يرحل عن هذا العالم.

6.3. الخشوع

الصفة السادسة هي الخشوع الذي يعني التواضع والذلّ المنبعث من عمق الإنسان نتيجة لخشية الله وإدراك عظمته وجلالته. وهو شعور يجعل المرء يُسلِم قياد أمره لخالقه، ويبعث فيه مشاعر الرحمة والمحبّة نحو الآخرين. وخير ما تتجسد فيه الحالة الأولى هو الصلاة، وخصوصاً صلاة التهجّد حين ينقطع المتهجّد عن العالم الخارجي ليتصل بخالقه في خلوةٍ لا يذكر فيها إلّا الله تعبيراً عن عرفانه وامتنانه.

أمّا بالنسبة للحالة الثانية، فإنّ شعور التذلّل يؤثر في شخصية المؤمن بمجملها ويجعله يبدي شعور الحبّ نحو أسرته، والحرص على أصدقائه، والتعاطف مع جيرانه ومعارفه، ويصبح منبعاً للخير والرشاد في مجتمعه؛ إذ إنّ مِن نهج هذه السيرة، سيرة الصالحين والأخيار، وما يتصفون به من لطف وتواضع، تُبنى المدنية الفاضلة، الصورة المثالية الأرقى للمجتمع المنشود الذي هو جنّة الله على الأرض، وهدف ورغبة كلّ شخص مستقيم.

7.3. الصدقة

الصفة السابعة هي الصدقة التي تتفرّع إلى صور وأنواع مختلفة تندرج كلها تحت بند الإنفاق في سبيل الله، وتتدرّج من الأدنى إلى الأعلى من حيث السمو والنبل، أدناها منزلةً هو الإنفاق الملزِم المتمثِّل في الزكاة، وأعلاها درجة هو أن يقدم المرء، عن طيب خاطر، ما يفيض من ماله، بعد إنفاقه على حاجاته الأساسية، إلى من يعتبرهم أصحاب حقٍّ في ماله. والنوع الثالث الأرقى من النوعين السابقين هو تلبية احتياجات الآخرين من خلال التضحية باحتياجاته الخاصة. وتشمل الصدقة بمعناها الواسع الأنواع الثلاثة كلّها. أمّا معناها الأكثر خصوصية وتحديداً، فهو ينطبق على النوع الثالث الأرقى، لأنّ المتصدِّق الذي ينتمي إلى هذا النوع هو من رحابة القلب وسماحة النفس بحيث يبقى مهيّأً دوماً للإنفاق في سبيل الله إنفاقاً يمتّ بصلة ما إلى الخشوع

المذكور آنفاً، ليس من خلال علاقة المنفق بالله فقط، بل من خلال علاقته بأبناء جنسه أيضاً. وبناءً على هذا الاعتبار ذُكرت الصلاة والإنفاق متجاورين في سياق لغوي واحد في القرآن.

3.8. الصيام

الصِّفة الثامنة هي الالتزام بالصيام الذي يهدف تحديداً إلى تهذيب النفس، وتقوية الصبر لتحقيق التقوى كما ورد في القرآن. والصيام يحصّنُ الصائم من ارتكاب الفاحشة، وتصبح حياته تجسيداً للمثل العليا.

3.9. ستر العورات (حفظ الفروج)

الصفة التاسعة هي حماية العورات، أي حفظ الفروج كمحصِّلة للتقوى وتهذيب النفس. ويستخدم القرآن تعبير «الحافظين لفروجهم» لوصف من يتحاشَون الفحشاء والمنكر من عري وفِسق وفجور، ويصونون عفّتهم وحشمتهم إلى الغاية القصوى. لقد حرّم الله تعرية الجسد سرّاً وعلانيةً، وحرّم ارتداء ملابس ضيّقة جداً تظهر تفاصيل الجسد، أو ملابس فاضحة تكشف عن أجزاء من الجسد مثيرة للشهوة، وتهدف بصورة أو بأخرى إلى إغواء الطرف الآخر. وأمّا ما عدا ذلك، فقد أباح الله كشف الأجزاء المنزّهة عن شبهة الإثارة الجنسية. ولا يفوتنا في هذا السياق أن نذكر أنّ كبح جِماح الشهوة بالنسبة للمرءوالمرأة هو الذي ينتج مجتمعاً تسوده العفّة والحياء.

3.10. الإكثار من ذِكر الله

الصفة العاشرة هي ذكر الله في كلّ وقت. حين يكون التفكير بالله أساساً ثابتاً في قلب الإنسان فإنّه لا يرى من الكفاية أن يذكر خالقه في أوقات معلومة من اليوم فقط، وإنّما يحاول أن يعطِّر فمه بذكر الله على مدار الوقت، وهو عندما يرى آية إلهية ينطق فمه تلقائياً كلمة (سبحان الله)، ويبدأ كلّ

عمل يومي يقوم به بـ (اسم الله). وحين يُنعم الله عليه بمعروف، فإنه يعبّر عن امتنانه لربّه قائلاً: (الحمد الله). وهو لا يصرح بنيّاته إلّا إذا قال: (إن شاء الله)، ويستغيث بالله في كلِّ شؤونه، ويسأله الرحمة في كلِّ خطب يلمّ به، ويلتفت إليه عند الشدة، يذكره قبل النوم وبعده. وباختصار، فإنه يتصل بخالقه في كلّ آن، وليس هذا فحسب، بل يذكره عندما يصلي ويصوم ويتلو آيات القرآن. يذكره عند الإنفاق على الفقراء، وعند تجنّب الإثم أو الوقوع فيه، وعند تلهّفه للمغفرة. وأحد أشكال ذكر الله هو التأمل في صنيع الخالق في خلقه، فالكون الذي فطره الله يعكس تنوعاً مذهلاً في مخلوقاته التي لا تُعدّ ولا تُحصى، إذ نرى من حولنا ما أنجزه العقل البشري بوحي إلهي، ونرى البحار المتلاطمة، والأنهار المتدفقة، والبساتين الخضراء المورقة، والأمطار الوافرة، وتعاقب الليل والنهار، وتصريف الرياح والغيوم، ونرى كيف خُلِقت السماوات بلا عمد، فنلمس خيرها وفوائدها بأمّ العين، وندرك المغزى من خلقه. ونحن لا نرى آيات الله في الكون الكبير الذي يحيط بنا فقط، بل نراها في أعماقنا، وتظهر بين الفينة والأخرى في صور جذّابة وأشكال خلّابة، فإذا بنا ننطق غريزيّاً: (يا الله) وكأن لسان الحال يقول: ربيِّ إنك لم تخلق هذا الكون لهواً وعبثاً، وإنك من العلم والمقدرة بحيث لا تخلق شيئاً مجرّداً من الهدف. أنا أعرف أن نهاية العالم قادمة، وأنّك ستحاسب من ينكرك أو من يظنّك لاهياً وعابثاً. وإني لأعوذ بك من مصير كهذا.

الجزء الثاني

الكتاب (الشريعة)

. شريعة العبادات (أحكام طقوس العبادة).

. الشريعة الاجتماعية (أحكام الأحوال الشخصية).

. السياسة الشرعية (أحكام التشريع السياسي).

. المعاملات الاقتصادية (التشريع المالي).

. شريعة الدعوة.

. شريعة الجهاد (التشريع الدولي).

. التشريع الجزائي.

. آداب الطعام والشراب.

. الأعراف والآداب الإسلامية (العادات وقواعد السلوك).

. القَسَم وكفّارته.

أولاً:

شريعة العبادات
(أحكام طقوس العبادة)

هدف الإسلام هو تطهير النفس، وبلوغ هذه الفضيلة يعتمد على علاقة العبودية التي تربط العبد بخالقه، وكلّما كانت هذه العلاقة أقوى كان العبد أقدر على تحقيق التطهير في أفكاره وأفعاله معاً. وإنّ الحبّ والخوف والصدق والوفاء والامتنان، إقراراً بصنائعه ونعمه غير المحدودة، هي تجلّيات روحانية لتلك العلاقة التي تظهر في ثلاثة أشكال: العبادة، والطاعة، والحمية والمروءة، وتشمل هذه الأخيرة النخوة والأريحية والشهامة وإغاثة الملهوف. وتؤدي شعائر العبادة وظيفة التذكير بعلاقة العبد مع الله، والعبادات هي الصلاة والزكاة والعُمْرَة والتضحية والصوم والاعتكاف والحجّ، وهذا الأخير هو تعبير رمزي عن الحميّة والنخوة، أمّا بقية العبادات فهي رموز للطاعة، وكلّ ذلك يؤدّى لوجه الله.

1. الصلاة

الصلاة أهم شعيرة من شعائر العبادة في الإسلام. وإذا فكّر الإنسان

قليلاً أدرك أنّ الدين في جوهره هو معرفة الله، وإظهار التواضع والعبودية له ممتزجَين بعواطف الحبّ والخوف. وأبرز تعبير عن هذا الجوهر هو العبادة، والتضرّعُ إلى الله وتعظيمُه وحمدُه وشكرُه والركوع والسّجود له هي المظاهر العملية للعبادة. وليست الصلاة إلا تعبيراً عنها، وهي بوتقة تمتزج فيها تلك المظاهر امتزاجاً بديعاً.

تحتل الصلاة أهمية استثنائية في الدين، والمكانةُ التي يحتلها التوحيد في العقيدة مماثلة للمكانة التي تحتلها الصلاة بين العبادات، وقد جُعِل ذكر الله خصيصة فطرية متأصلّة في الإنسان، وبيَّن القرآنِ أنّ الصلاة هي الثمرة الأبرز من ثمار معرفة الله التي يتولّى الوحي الإلهي تذكيره بها دوماً، وهي أيضاً نتيجة لعواطف الحبّ والامتنان من الإنسان إلى خالقه. إنها عماد الدين، وشرط من شروط تسمية الإنسان بالمسلم في الدنيا والآخرة، وهي وسيلته للثبات على دينه وقهر الصعاب، ومحو الذنوب، وهي ميزة الدعوة الصادقة، وسلاح المثابرة على الحقِّ، وجوهر كلّ شيء في الكون. وعندما تصل معرفة الله وتذكرّه والشعور بقربه إلى الأوج والكمال تتحول إلى صلاة، وقد أجمع حكماء الدنيا على أنّ الحياة الحقيقية هي الحياة الروحية المتمثّلة في ذكر الله ومعرفته والتقرب منه، وليس هناك ما يُوفِّر هذه الحياة ويقدّمها للمؤمن سوى الصلاة.

1.1. تاريخ الصلاة

إنَّ تاريخ الصلاة قديم قدمَ الدين نفسه، ويمكن التعرّف بمفهومها وشعائرها ومواقيتها في كلّ الأديان؛ فأناشيد الهندوس، وترانيم الزرادشتيين، وابتهالات المسيحيين، ومزامير اليهود، هي أشكال متبقية منها. ويخبرنا القرآن بأنّ الأنبياء كانوا قد وُجِّهوا لأدائها، وهي تحتل أقصى مكانة في الحنيفية الإبراهيمية التي كان النبي مُحَمَّدﷺ قد أحياها. ولذلك عندما أمر القرآن الناس بأدائها لم تكن شيئاً غريباً عليهم، وكانوا واعين تمام الوعي بشروطها

المسبقة وآدابها وشعائرها وصيغَها اللفظية. وكما أُدِّيَت بوصفها من تقاليد الحنيفية الإبراهيمية وشعائرها، فقد أدّاها النبي مُحَمَّد ﷺ بأمر قرآني، ولكنَّه أضاف إليها تعديلات معينة، وأمر أتباعه بأدائها بالأسلوب نفسه جيلاً بعد جيل.

1.2. شروط الصلاة

فيما يلي شروط الصلاة الصحيحة:

أ ـ يجب ألّا يكون المرء في حالة سكر.

ب ـ يجب ألا تكون المرأة حائضاً أو نفساء.

ج ـ أن يؤدّي شعائر الوضوء. وفي حالة الجنابة، وحالات الحيض والنفاس عند المرأة، لا بدّ من الاغتسال.

د ـ إذا كان الإنسان على سفر أو مرض أو افتقد الماء، فلا بدّ من التيمّم عندما يصبح الوضوء والاغتسال صعباً عليه في الحالتين الأولى والثانية.. وطريقة أداء الوضوء هي غسل الوجه أولاً، ثم اليدين إلى المرفقين، والرأس كلّه، ثم أخيراً غسل القدمين.

هـ ـ يجب على المُصلِّي استقبال القِبلة.

يبقى الوضوء بعد تأديته سليماً حتى يحدث شيء ينقضه، ونتيجةً لذلك، فإن حكم الوضوء ينطبق على الحالة التي لم يعد فيها الوضوء سليماً، إلّا إذا توضّأ وهو في حالة الوضوء دفعاً لأيِّ شك وحبّاً للطمأنينة.

وفيما يلي الأشياء التي تنقض الوضوء:

1 ـ التبوّل.

2 ـ التغوّط.

3 ـ إطلاق الريح صائتاً كان أم صامتاً.

4 ـ خروج المني أو المذي من الرجل، وسوائل الحيض والنفاس مِن المرأة.

إذا أصبح الوضوء والاستحمام متعذراً عندما يكون المرء على سفر أو مرض، أو عند فقدان الماء، أُبِيح التيمّم بالطريقة التالية: فرك اليدين بسطح التراب النظيف، ثم المسح على الرأس واليدين، ويكفي ذلك للتطهّر من كلّ أنواع النجاسة، ويتمّ على النحو المذكور بعد نواقض الوضوء المذكورة آنفاً، ويكون بعد الجِماع بدلاً من الاستحمام. وعلاوة على ذلك، فإنّ المرء يمكنه التيمُّم في حالة السفر أو المرض حتى مع توفر الماء.

والتيمّم، على ما يبدو، لا يأتي بالطهارة الحقيقية، لأنّه يهدف إلى تذكير المؤمن بالطهارة لما لها من أهمية بالغة. وتميل الشريعة إلى القول: إنّ الإنسان إذا عجز عن تنفيذ حكم الله في صورته الأصلية، يتبنى صوراً بديلة تؤدي وظيفة التذكير بالصورة الأصلية. والفائدة الكبيرة من وراء ذلك هو معرفة أنّ فطرة الإنسان تميل للعودة إلى الحكم الأصلي عند عودة الظروف إلى وضعها الطبيعي.

1.3. شعائر الصلاة (الطريقة والخطوات)

أقرت الشريعة الإسلامية شعائر الصلاة كما يلي:

يبدأ المصلّي صلاته برفع اليدين كلتيهما مع الوقوف منتصباً، يتلوه الركوع ثم الوقوف، وتليه سجدتان متتاليتان، ويجلس وقدماه مطويتان إلى الوراء في الركعتين الثانية والأخيرة؛ وحين ينوي إنهاء الصلاة يدير وجهه ذات اليمين وذات الشمال مُسَلِّماً.

1.4. أذكار الصلاة

- يفتتح المصلّي صلاته بقول: (الله أكبر).

- ثم يتلو سورة الفاتحة تحديداً أثناء القيام، ويتلو بعدها ما يتيسّر له من القرآن.
- ويقول: (الله أكبر) حين يهمّ بالركوع.
- ويقول: (سمع الله لمن حمده) عند النهوض من الركّوع.
- ويقول: (الله أكبر) عندما يهمّ بالسجود وينهض منه.
- يقول: (الله أكبر) عند النهوض للقيام من الجلوس بين السجدتين.
- ويختتم صلاته بالقول: (السلام عليكم ورحمة الله وبركاته) مرتين: مرة وهو يلتفت إلى اليمين، ومرة وهو يلتفت إلى الشمال.

ويجب على الإمام أن يردّد دائماً (الله أكبر، سمع الله لمن حمده، السلام عليكم ورحمة الله) بصوت مرتفع. ويجدر بنا الانتباه هنا إلى وجود اختلافات طفيفة بين صلاة وأخرى على النحو الآتي: تكون التلاوة جهراً في الركعتين الأوليين من صلاة المغرب والعشاء، وفي ركعتي الفجر والجمعة والعيد، وتكون التلاوة صامتة في الركعة الثالثة من المغرب، وفي الركعتين الثالثة والرابعة من صلاة العشاء، وفي صلاة الظهر والعصر تكون التلاوة صامتة في الركعات الأربع كلِّها.

هذه هي الشعائر المقرَّرة للصلاة، وتكون باللغة العربية، وما عدا ذلك، يمكن للمصلِّين من غير العرب أن يذكروا في صلواتهم أيّ نوع من التسبيح والتحميد والامتنان للّه بلغاتهم الخاصة.

5.1. مواقيت الصلاة

فُرِضت الصلاة على المسلم خمس مرات في اليوم، وتؤدّى في مواقيت مُحدّدة هي: الفجر، والظهر، والعصر، والمغرب، والعشاء.

الفجر: عندما يتبين الخيط الأبيض من الخيط الأسود من الصبح.

والظهر: هو وقت زوال الشمس عن منتصف النهار.

والعصر: إذا نزلت الشمس عن مرأى العين تحت خطّ البصر.

والمغرب: هو وقت غروب الشمس.

والعِشاء: هو وقت غروب الشَّفَق الأحمر واختفائه.

ويبقى وقت الفجر حتى شروق الشمس، ويبقى وقت الظهر حتى يبدأ العصر، ويبقى وقت العصر حتى المغرب، ويبقى وقت المغرب حتى العشاء، ويبقى وقت العشاء حتى منتصف الليل. وأوقات شروق الشمس وغروبها ممنوعة للصلاة لأنّ الشمس كانت تُعبَد في هذه الأوقات. وظلت هذه الأوقات كما هي في عهود الأنبياء الآخرين أيضاً.

6.1. ركعات الصلاة

ركعات الصلاة كما أقرّتها الشريعة هي:

1 ـ الفجر: ركعتان.

2 ـ الظهر: أربع.

3 ـ العصر: أربع.

4 ـ المغرب: ثلاث.

5 ـ العشاء: أربع.

هذه هي ركعات الصلاة الإلزامية المفروضة على المسلم، ويعرّضه تركُها إلى الحساب يوم القيامة. ويجب أن تؤدّى كاملة إلّا في صلاة القصر. وكلّ الركعات الأخرى الزائدة هي من السُّنَّة الاختيارية يُثاب المصلّي عليها إذا أدّاها، لكنّه لا يُحاسب على تركها.

7.1. صلاة القصر (تخفيف الصلاة)

إذا حان موعد الصلاة في ظروف خطيرة ومضطربة لا تسمح بتأديتها على الوجه المعهود، أباح الله تأديتها وقوفاً على الأقدام، أو ركوناً على الدواب مهما كانت وضعيتها. وهذه الظروف، كما هو واضح، لن تسمح بأداء صلاة الجماعة أو بمواجهة القِبلة، وثمة حالات أصعب تمنع من الالتزام بشعائر الصلاة المعروفة.

بيّن القرآن أنّ الظروف الصعبة أثناء السفر قد تفرض اختصار الصلاة إلى الحدّ المسموح به، ويُسمَّى ذلك (القَصر)، ونصّت السُّنَّة بهذا الصدد على اختصار صلاة الركعات الأربع إلى ركعتين، ولم تُجِز تقصير صلاة الركعتين (الفجر) أو الركعات الثلاث (المغرب)، لأن صلاة الفجر هي في الأصل مؤلفة من ركعتين، وصلاة المغرب هي وتر اليوم، ويمكن، بالإضافة إلى ما ورد، التساهل في مواقيت الصلاة في حالة السفر بحيث يمكن الجمع بين صلاتي الظهر والعصر، أو بين المغرب والعشاء في صلاة واحدة.

8.1. صلاة الجماعة

يمكن أن يؤدّي المصلّي صلاته منفرداً، ولكن من المفضَّل أن يؤدِّيَها في جماعة، وفي المسجد وفق ما تسمح به الظروف. ولهذا فقد بنى النبي ﷺ مسجداً فور وصوله إلى المدينة، فاختطّ بهذه الطريقة سُنَّة بناء المساجد في كلّ موقع أو بقعة يحلّ بها المسلمون، والحرص على أداء الصلاة في جماعة في المسجد هي عادة يجني المسلم ثمارها، لأنّها تستدرّ الرحمة الإلهية. ومع أنَّ المرأة معفاة من صلاة الجماعة، فإنّ على الرجل ألّا يتخلف عنها إلّا بعذر مقنع.

وفيما يلي طريقة أداء الصلاة الجماعية:

يُرفَع الأذان قبل الصلاة حتى تكون هناك فرصة كافية لمن يرغب في الانضمام إليها، وصيغة الأذان اللغوية كما وردت عن النبي هي:

«الله أكبر، أشهد أنّ لا إله إلا الله، أشهد أنَّ مُحَمَّداً رسول الله، حيّ على الصلاة، حيّ على الفلاح، الله أكبر، لا إله إلّا الله».

إذا كان هناك مُصَلٍّ واحد، فإنّه يقف بجوار الإمام عن يمينه، وإذا كان ثمة جماعة، يقف المصلون خلفه في صفوف نسقية، ويقف الإمام أمامهم في الوسط، وينادي على الإقامة قبل بدء الصلاة، وهي تشتمل على كلمات الأذان نفسها مع إضافة عبارة «قد قامت الصلاة» بعد جملة «حيِّ على الفلاح». وللمؤذِّن أن يكرِّر صيغة الأذان أكثر من مرة لإعطاء مزيد من الوقت للذين لمّ ينضمّوا إلى صلاة الجماعة بعد، وحثّهم على الإسراع إلى المسجد، وتُكَرَّر كلمات (الإقامة) بالطريقة ذاتها إذا دعت الضرورة.

1.9. سجود السّهو (إصلاح أخطاء الصلاة)

إذا حدث خطأ أو اشتبه المصلّي بوقوع خطأ في شعائر الصلاة القولية والحركية، اقتضت السُّنَّة إصلاحه إذا أمكن مع تأدية سجدتين قبل نهاية الصلاة، وإذا تعذر إصلاح الخطأ، لا تؤدى إلّا السَّجدتين.

1.10. صلاة الجمعة

فرض الله على المسلمين أيامَ الجمعة أن يؤدّوا الصلاة جماعة في المسجد، في وقت صلاة الظُّهر على النحو التالي:

- تتألف صلاة الجمعة من ركعتين.
- يجب أن تكون التلاوة صامتة في الركعتين كلتيهما على عكس صلاة الظهر في الأيّام الأخرى.

- تُتلى جملة (قد قامت الصلاة) قبل أداء الصلاة.
- يلقي الإمام قبل الصلاة خطبتين ليذكّر الناس بتعاليم الدين ويحثّ عليها وهو واقف، ويحقّ له أن يقعد لوقت قصير بين الخطبة الأولى والثانية.
- يُرفع الأذان للصلاة عندما يصل الإمام إلى المكان الذي سيلقي فيه الخطبة.
- يُفرض على المسلمين من الرجال بعد رفع الأذان تركُ أعمالهم ومشاغلهم والتوجّه إلى المسجد إن لم يكن ثمة عذر مانع.
- تُلقى الخطبة وتؤدّى الصلاة بإمامة حكّام المسلمين أو من ينوب عنهم في أماكن تحدَّدت مسبقاً من قبلهم.

1.11. صلاة العيد

يؤدي المسلمون صلاة عيدي الفطر والأضحى جماعةً على منوال صلاة الجمعة بعد ارتفاع الشمس وقبل زوالها على النحو التالي:

- تتألف صلاة العيد من ركعتين.
- وتكون التلاوة جهرية في كلتا الركعتين.
- ثم تُتلى بعض التكبيرات الإضافية أثناء (القيام).
- لن يكون هناك أذان ولا إقامة.
- يلقي الإمام بعد ذلك خطبتين واقفاً ليُذَكِّر الناس بتعاليم الإسلام، ويحقُّ له على غرار صلاة الجمعة أن يجلس بين الخطبتين بعض الوقت.
- كما هو الأمر في صلاة الجمعة، تؤدّى الصلاة وتلقى الخطبة بإمامة حكام المسلمين، أي إنّ الحاكم أو مَنْ ينوب عنه هو مَن يؤمّ الصلاة ويلقي الخطبة شخصياً وتؤدى في أماكن تم تحديدها مسبقاً من قبل الحكام.

12.1 . صلاة الجنازة

الصلاة على الميّت فرض لازم في كلّ الأديان، فما إن يُغَسَّل الميت ويكفَّن حتى يُصلّى عليه كما يلي:

يقف الناس خلف الإمام منتظمين في صفوف، بينما يُسجّى جسده بينهم وبين القِبلة، وتبدأ الصلاة بقول: (الله أكبر) مع رفع اليدين، ويمكن إضافَة بعض التكبيرات على غرار صلاة العيد. وتنتهي الصلاة بعد (السلام) أثناء الوقوف الذي يلي التكبيرات والدّعاء.

يشير ما سبق إلى الحدّ الأدنى من العبادة المفروضة المتعلقة بالصلاة. ومع ذلك، يقول القرآن إنّ من قام بعمل فاضل برغبته الطوعية الخاصة فسيقبله الله، يقول القرآن:﴿وَمَن تَطَوَّعَ خَيْرًا فَإِنَّ ٱللَّهَ شَاكِرٌ عَلِيمٌ﴾[1]. وبالمثل، ورد في القرآن أنّه يجب طلب المساعدة بالمثابرة على الصلاة في أوقات الشدة: ﴿ٱسْتَعِينُواْ بِٱلصَّبْرِ وَٱلصَّلَوٰةِ﴾[2]. يُظهِر المسلمون بامتثالهم لهذه التوجيهات، إلى جانب أدائهم الصلوات المفروضة، الاجتهادَ واليقظة في أداء الصلوات الاختيارية. ويمكن البحث عن تفاصيل هذه الصلوات الاختيارية (النوافل) التي قدّمها النبي ﷺ أو حثّ الآخرين على تقديمها في الأحاديث المروية.

2 . الزّكاة

الزكاة هي العبادة الثانية بعد الصلاة من حيث الأهمية. وتتمثل أشكالها القديمة في تقديم بعض المال والحيوان وغلال الأرض إلى الآلهة تقرباً منها، وهذا هو جوهر الزكاة عند الأنبياء. وتتخذ الزكاة أيضاً أسماء متعددة كالصدقة

(1) سورة البقرة، الآية: 158.

(2) سورة البقرة، الآية: 153.

والهدية والنَذْر والقربان والعطية، واستخدم القرآن في مواضع عدّة كلمة (الصدقة) للدلالة عليها، وأوصى بدفعها بكلّ تواضع وإخلاص.

والعُرْف العام الذي درج عليه الناس قديماً هو تقديم النَّذْر إلى خُدَّام المعابد والهياكل الدينية والقيمّين عليها، ليقوم هؤلاء بتوزيعها على أتباعهم وتلبية احتياجاتهم الأساسية. أمّا المسلمون فقد أُمِروا أن يقدِّموا زكاة أموالهم إلى خلفائهم وولاتهم لتلبية احتياجات الدولة والمحتاجين إليها بشكل عام. ومهما اختلفت أشكال الزكاة وأسماؤها من زمن إلى آخر، فإن مفهومها الجوهري واحد لا يتغيّر، ويتمثّل في تقديم الإنسان شيئاً مما يملكه إلى خالقه الذي يؤمن به.

1.2. تاريخ الزكاة

يتشابه تاريخ الزكاة وتاريخ الصلاة، فقد نصّت شريعة الأنبياء السابقين على الزكاة. وحين يأمر الله بدفعها لا يجد الناس في هذا الأمر ما يثير الاستغراب، وأتباع الديانة الإبراهيمية على وعي تامّ بهذه المسألة، ما يعني أنَّها كانت سُنَّة سابقة أرسى الرسول على أساسها شريعة الزكاة بأمر إلهي بعد أن أخضعها لبعض التعديلات.

2-2- الغاية من الزكاة

يمكن تحديد هدف الزكاة من مدلول اسمها اللغوي الذي يدل جذره في العربية على معنيَي الطُّهر والنَّماء. ويتَّضح من ذلك أنَّ هدف الزكاة هو هدف الإسلام برمّته، إذ يُطَهِّر النفس من شائبة حبّ المال، ويرفدها بالبركة، ويعمل بفعالية على تطهير الروح الإنسانية من أدرانها ومثالبها كافّة. وزكاة المال هي الحدّ الأدنى من الإلزام بالإنفاق في سبيل الله، ويجب دفعها مهما كلّف الثمن. وهي تُحَقِّق للإنسان من لذة الأريحية ما يفوق حدّها الاعتيادي،

وتربط قلب المؤمن بربّه بوشيجة وثقى، وتحرِّره من اللامبالاة التي تنشأ عادة من حبّ الدنيا وكنوزها.

3.2. شريعة الزكاة (أحكام فقهية)

يمكن شرح هذه الأحكام على النحو الآتي:

لا شيء مُعفى من الزكاة إلّا وسائل الإنتاج التجاري والمهني والزراعي وأدواته، والأشياء الشخصية ذات الاستعمال اليومي، وكمية المال الثابتة (النِّصاب)، بينما تُفرَض الزكاة على الثروة من كلِّ نوع (المال والذهب والجواهر)، وعلى بهائم الأنعام من كلِّ صنف (الإبل والبقر والغنم...)، وعلى خَراج الأرض وغِلالها من كلِّ نوع يكون الإنسان مسؤولاً عنه. ويمكن أن يُقاس عليها الإنتاج التجاري والصِّناعي.

وفيما يلي المعدّل الوسطي للزكاة محسوبة بالنسبة المئوية:

- الثروات: 2.5٪ سنوياً.
- الإنتاج: 5٪ على المواد المنتَجة بشكل أساسي عن طريق الاندماج بين العمل ورأس المال، و10٪ على المواد التي يكون العامل الأساسي في إنتاجها العمل أو رأس المال، و20٪ على المواد التي ليس لرأس المال أو العمل دور في إنتاجها، وإنما هي وَقْفٌ من الله.
- بهائم الأنعام:

أ. الإبل

- من 5 إلى 24 جملاً: شاة واحدة على كلّ خمسة جمال.
- من 25 إلى 35 جملاً: ناقة واحدة بعمر سنة، وإذا لم تتوفر، فجَمَل بعمر سنتين.
- من 36 إلى 45: ناقة واحدة بعمر سنتين.

- من 46 إلى 60: ناقة واحدة بعمر ثلاث سنوات.

- من 61 إلى 75: ناقة واحدة بعمر أربع سنوات.

- من 76 إلى 90: ناقتان بعمر سنتين.

- من 91 إلى 120: ناقتان بعمر ثلاث سنوات.

- أكثر من 120: ناقة واحدة بعمر سنتين لكلّ أربعين جملاً، وناقة بعمر ثلاث سنوات لكلّ خمسين جملاً.

ب . الأبقار:

- عجل واحد بعمر سنة واحدة لكلّ ثلاثين بقرة.

ج . الشياه (الماعز والغنم):

- من 40 ـ 120: شاة واحدة.

- من 121 ـ 200: شاتان.

- من 201 إلى 300: ثلاث شياه.

- أكثر من 300: شاة واحدة لكلّ مئة ذكر.

أمّا نفقات الزكاة كما وردت في القرآن، فهي على النحو التالي:

- الفقراء والمحتاجون.

- رواتب موظفي الدولة.

- النفقات السياسية التي تصبّ في مصلحة الإسلام والمسلمين.

- التحرّر من جميع أشكال العبودية.

- مساعدة الذين يتكبّدون خسائر اقتصادية، أو الذين أثقلتهم الغرامات والديون.

- خدمة الإسلام ورفاهية المواطنين.

- مساعدة المسافرين، وشقّ الطرق، وبناء الجسور والخانات.

تعدُّ صدقة الفطر أحد أشكال الزكاة، وتساوي مقدار ما ينفقه الإنسان على طعامه لمدة يوم واحد، وهي واجبة على كلّ شخص سواء أكان شابّاً أم شيخاً، وتُقدَّم في نهاية رمضان قبل صلاة العيد.

3. الصيام

يحتل الصيام في الدين الإسلامي المرتبة الثالثة بعد الصلاة والزكاة. وكلمة (صوم) التي تُستعمَل في العربية للدلالة على هذا المعنى تعني حرفياً «الامتناع عن الشيء» و«التخلّي عن الشيء». أمّا المعنى الاصطلاحي، فيشير إلى حالة الشخص التي يمسك فيها عن الطعام والشراب والجِماع بحدود وشروط معينة.

يُعبّر الإنسان عن نفسه من خلال أفعاله وممارساته؛ فعندما ترتبط عاطفة عبادته للَّه بهما، تتجلّى هذه العواطف في إطاعة أوامره، ويُعتبر الصوم تعبيراً رمزيّاً عن تلك الطاعة.

يمتنع الشخص أثناء الصيام عمّا كان مُباحاً له في الأصل امتثالاً لأوامر الله لكي يفوز برضاه، فيصبح بذلك تجسيداً للطاعة، ويعترف ضمنياً بأنّ لا شيء أعظم من أمر الله. فإذا حرّم الله عليه تحريماً كاملاً ما كان محلَّلاً له تحليلاً كاملاً حسب قانون الفطرة البشرية، فجدير به كعبد أن يطيع خالقه دون تردد مهما كان.

وإذا فكّرنا قليلاً نكتشف أن هذه الحالة التي يختبر فيها الإنسان قوة الله، ويعترف به وبعظمته وجلالته هي تعبير حقيقي عن امتنانه له. وأعلن القرآن على هذا الأساس أنّ الصوم هو تعظيم للَّه، ووسيلة للتعبير عن الامتنان له، وأنّ شهر رمضان قد خُصِّص لهذه الغاية، فقد أنزل القرآن فيه دليلاً للعقل البشري مشتملاً على بيّنات جليّة للتمييز بين الحقّ والباطل، ويمكن للناس، اعتماداً عليه، أن يُعَظِّموا الله، ويُقدِّموا له آيات الامتنان.

والفضيلة التي ينالها الشخص من هذه العبادة أنّه يفرض على نفسه ضوابط أخرى تُلزِمه بالتردّد إلى المسجد أيّاماً معدودة لعبادة الله ما استطاع إلى ذلك سبيلاً، وهو ما يُسمَّى في الاصطلاح الديني (الاعتكاف) الذي يُعدّ سلوكاً طوعياً تكمن أهميته في تطهير النفس التي تترقّى في معارج السمُوّ الناتج من الجمع بين الصلاة والصوم وقراءة القرآن والتبتّل إلى الله.

1.3. تاريخ الصوم

الصّيام كالصلاة شعيرة قديمة. يذكر القرآن أنّ الصيام فُرِض على المسلمين كما فرض على الأمم السابقة، وهو بوصفه عبادةً تدرّب النفس وتهذبّها موجود بشكل أو بآخر في كلِّ الأديان.

2.3. الغاية من الصوم

يتمثل هدف الصيام كما ذكر القرآن في دفع الناس إلى تقوى الله التي تعني اصطلاحاً أن يقضي الإنسان حياته ضمن الحدود التي شرَّعها الله؛ وإذا سوّلت له نفسه الأمّارة بالسوء أن يتخطاها، فليس له إلّا الله لينقذه من العذاب.

3.3. شريعة الصوم وأحكامه

وفيما يلي شريعة الصيام وأحكامه:

أ. الصوم هو الامتناع عن الأكل والشرب، وعن الجِماع مع الزوجة بنيّة أن يصوم الشخص.

ب. هذا الامتناع من الفجر إلى الليل، ثمّ يُسمَح بالأكل والشرب والاتصال الجنسي بالزوجة أثناء الليل.

ج. تمّ تحديد شهر رمضان للصيام، ومن ثمّ يجب على كلّ شخص أن يصوم هذا الشهر.

د. إذا كان الشخص غير قادر على إتمام صيام رمضان بسبب المرض أو السفر أو لأي سبب قاهر آخر، وجب عليه تعويض ذلك بالصيام في الأشهر الأخرى بعدد مساوٍ لأيام الصيام الفائتة.

هـ. نُهِيَ عن صيام المرأة أثناء دورات الحيض والنفاس. ومع ذلك، يجب تعويض الصيام المفقود نتيجة لذلك في وقت لاحق.

و. قمة الصيام هي الاعتكاف. إذا أعطى الله هذه الفرصة للشخص، فعليه أن يعزل نفسه عن العالم لأكبر عدد ممكن من الأيام في مسجد لعبادة الله سبحانه وتعالى، ولا ينبغي له أن يغادر المسجد إلّا لحاجة مُلِّحة.

ز. أثناء الاعتكاف، يسمح للشخص بتناول الطعام والشراب أثناء الليل، ولكن لا يمكنه الجماع مع زوجته. وقد حُرِّم هذا من قبل الله سبحانه وتعالى.

4. الحجّ والعُمرَة

تُعتَبر هاتان الشعيرتان في الديانة الإبراهيمية ذروة العبادة، ويبدأ تاريخ كلٍّ منهما بإعلان سيدنا إبراهيم، بعد بناء بيت الله، أنّ على الناس جميعاً أن يُيَمِّموا وجوههم شطر البيت الحرام، ويُكرِّسوا نفوسهم لعبادة الله وتجديد التزامهم بالإيمان بإله واحد. والمرتبة الأسمى التي ينالها الإنسان من عبادة الله هو استعداده للتضحية بحياته وثروته في سبيل الله. والحجّ والعُمرَة هما دليلان واضحان على هذه التضحية ووجهان لحقيقة واحدة، لكنّ الفارق بينهما هو أنّ العُمْرَة موجزة، أمّا الحجّ فأشمل وأوسع وأدلّ على الغاية التي من أجلها تتمّ التضحية بالمال والنفس.

أخبرَنا الله تعالى أنّ الشيطان قد أعلن الحرب عليه وعلى الإنسان منذ اليوم الأول. وبناءً على ذلك خلق الله سيدنا آدم وأنزله إلى الدنيا لتكون ذريّته في أتم الاستعداد لمحاربة عدوّها الرئيسي إلى يوم القيامة في شكل اختبار

خُلِق العالم بناءً عليه، ويعتمِد عليه مستقبل البشرية نجاحاً أو فشلاً، ويتطلب بذلَ المال والنفس لتحقيق النجاح.

يترك عباد الله انغماسَهم في عَرَض الدنيا، ويهجرون ملذّاتِهم وممتلكاتِهم امتثالاً لأمر الله، ثم يتقدّمون إلى ساحة المعركة مردّدين: لبَّيك اللهمّ لبَّيك، ويضربون خيامهم في وادٍ كالمحاربين.

يصلون في اليوم التالي إلى حقل مفتوح طلباً لمغفرة الله وهم يصلّون ويتضرّعون إليه، ليمنحهم النصر في هذه المعركة، مُصغين بكلّ جوارحهم إلى خطبة الإمام.

ووفقاً لهذا التمثيل الرمزي (الحجّ هو حرب مع الشيطان) فإنّهم يؤدّون صلواتهم قَصْراً وجمعاً، ثم يعودون إلى خيامهم، بعد قضاء مدة قصيرة في الطريق، ثم يرجمون الشيطان بعد ذلك بالحجارة، ويضحّون بأنفسهم للَّه تضحيةً رمزية عن طريق التضحية بالحيوان بدلاً من الإنسان، ثم يحلقون رؤوسهم ويتوجهون إلى مكان القرينة الحقيقي بعد أداء طواف النَّذر، ثم يعودون إلى خيامهم. وبعد يومين أو ثلاثة أيام يرجمون الشيطان مرةً ثانية. وهكذا، ومن زاوية هذه الرؤية، فإنّ الإحرام في الحج والعُمرة هو رمز لتخلي المؤمن عن ملذّاته ومفاتن الدنيا ومشاغلها مرتدياً قطعتي ثياب منفصلتين غير مخيطتين كراهب حاسر الرأس، شِبه حافي القدمين، ممتلئاً عزماً وتصميماً على الوصول إلى حضرة الله.

والتلبية هي الاستجابة لنداء سيدنا إبراهيم الذي أطلقه وهو واقف على صخرة بعد إعادة بناء الكعبة، والذي وصل صداه إلى كلّ ركن من هذا العالم، فيستجيب له عباد الله مردّدين: (لبَّيك اللهمّ لبَّيك) معترفين بفضل الله، مؤكدين إيمانهم بالتوحيد.

وطواف النذر هو تقليد قديم موروث عن الحنيفية الإبراهيمية، إذ يقوم الحُجّاج بتمشية الحيوانات التي سيُضحّى بها ذهاباً وإياباً أمام المذبح.

ويرمز استلام الحجر الأسود إلى تجديد العهد مع الله، فيقوم الحاجّ بوضع يده على الحجر الذي يرمز إلى يد الله، ويقبّله لإعادة تجديد العهد مع الله حسب التقاليد القديمة، إذ يُسَلِّم الحُجّاج ـ وفقاً له ـ حياتهم وأموالهم إلى الله مقابل الفوز بالجنة.

السَّعي هو الطواف حول المكان الذي قُدِّم فيه سيدنا إسماعيل كأضحيّة. وقد رأى سيدنا إبراهيم ذلك المكان وهو واقف على تلة الصّفا (جبل الصَّفا)، حتى إذا سمع نداء ربه مشى بسرعة إلى جبل المَروَة، وهكذا فإنّ طواف الصَّفا والمَروَة هو طواف النَّذر الذي تمت تأديته أمام الكعبة أول مرة، ثم أمام المذبح بعد ذلك.

وعرفات هو بديل الكعبة حيث يحتشد المحاربون ضدّ الشيطان، ويطلبون إلى الله أن يغفر ذنوبهم، ويصلّون إليه طالبين العون والمَدَد.

ومزدلفة هي المكان الذي يتوقف فيه المحاربون لقضاء الليل، حيث يصلّون مرة أخرى، ويتضرّعون إلى الله عندما ينهضون صباحاً لينطلقوا إلى أرض المعركة.

يرمز رمي الجمار إلى لعن إبليس ومحاربته، وينتهي هذا الطقس بإصرار المؤمن على هزيمة العدو، ولا شيء أقلّ من ذلك.

من المعروف أنّ العدوّ الأبدي للإنسان (إبليس) مصرّ على الوسوسة في عقول الناس. ومع ذلك، إذا قاوم العبد ما يفعله إبليس، فإنّ هجومه سيَضعف شيئاً فشيئاً، ويُعتبَر رمي الجمرات لمدة ثلاثة أيام (الجمرات الكبرى والوسطى والصغرى) رمزاً لتلك المقاومة واستمرارها.

ترمز التضحية بالحيوان إلى التضحية بالبشر، وتعني أنّ المؤمن مستعدٌّ لتقديم حياته في سبيل الله. ويرمز حلق الرأس إلى أنّ الذبيحة قد قُدِّمت، وأنّ عملية التضحية تمّت. ويُمكِن لمن أدّى فريضة الحجّ أن يعود الآن إلى دياره وهو يحمل على جسده ورأسه الحليق رمز العبودية الأبدية للّه.

توضّح التفاصيل السابقة عظَمة الحجّ الذي فرضه الله على كلِّ مسلم قادر على تحمّل نفقاته مرة واحدة في الحياة.

1.4. الغاية من الحَجّ والعُمْرَة

إنّ الهدف منهما هو جوهرهما وواقعهما نفسه، أي إنّ الإقرار بنعم الله والتوكيد على توحيده، وتكريس النفس له بعد اعتناق الإسلام هي غاية العبادة. ويُطلَق على فهم هذه الجوانب ومعرفتها منافع منازل الحج. وتتجلّى هذه الغاية في الكلمات والتعابير التي خُصِّصَت لهذه الشعيرة، وهي مغروسة في العقول على نحو يجعل الحاج ينطق بها تلقائياً بعد ارتداء ملابس الإحرام: (لبَّيك اللهم، لبَّيك، لا شريك لك لبَّيك، إن الحمد والنعمة لك والملك لا شريك لك).

2.4. أيام الحَجّ والعُمْرَة وأوقاتهما

لم يتم تحديد وقت للعُمرة. ويمكن للناس أداؤها متى شاؤوا على مدار العام. أمّا أيام الحجّ، فهي ثابتة مقررة، وتمّ تحديدها من الثامن من ذي الحِجّة إلى الثالثَ عشرَ منه، ولا يمكن القيام به إلّا في تلك الأيام.

3.4. شعائر أداء الحَجّ والعُمْرَة

حدّدت الشريعة طريقة القيام بالحجّ والعُمْرَة على النحو التالي:

أ. العُمرَة

يجب ارتداء ملابس الإحرام مع عقد النية على الاعتماد، ويرتدي القادمون من خارج مكّة ملابس الإحرام من (ميقاتهم) الخاصّ بهم. أمّا السكان المحليون سواء كانوا مكيّين أم أصحاب إقامة مؤقتة، فعليهم أن يُحرِموا من مكان قريب خارج حدود الحرم.

أمّا الذين يعيشون خارج حدود الحرم، فميقاتهم هو مكان إقامتهم حيث يمكنهم ارتداء ملابس الإحرام في منازلهم، والبدء بالتلبية والاستمرار فيها حتى وصولهم بيتَ الله، ثم يطوفون حوله، ثم يسعَون بين الصَّفا والمَروَة. وإذا اصطحب المعتمِر حيوانات الهَدْي، وجب التضحية بها. وعلى الرجال بعد التضحية حلق رؤوسهم، وعلى النساء قصّ شيء من أطراف الشَّعر، ثم نزع ملابس الإحرام.

والإحرام هو مصطلح ديني يعني أنّ المعتمِرين لن يخوضوا في أيّ أحاديث شهوانية أو بذيئة، ولن يتزيّنوا أو يتعطّروا أو يقصوا أظافرهم أو يحلقوا شعر أجسادهم، ولن ينظفوا أوساخ أبدانهم، ولن يقتلوا حتى القمل في رؤوسهم أو أجسادهم، ولن يصطادوا، ولن يرتدوا ملابس مخيطة. وسوف يكشفون رؤوسهم ووجوههم والجزء العلوي من أقدامهم، ويرتدون قطعتي ملابس منفصلتين لستر ما تبقى من أجسادهم.

أمّا المرأة فيمكنها ارتداء ثياب مخيطة، وعليها أن تستر رأسها وقدميها، ولا تكشف إلّا يديها ووجهها.

وحُدِّدَت أماكن معيّنة على مسافة من الحرَم قبل أن تبدأ حدود الإحرام، وسُمِّيَت هذه الأماكن في المصطلح الديني (الميقات)، وهي مواضع لا يمكن لمن يريدون تقديم الحج والعُمْرَة عبورها إلّا في حالة الإحرام. وهي خمسة: ذو الحليفة، وهو ميقات أهل المدينة، يَلَمْلَم: ميقات أهل اليمن، وجُحفَة ميقات حجّاج سورية ومصر، وقرن المنازل ميقات أهل نجد، وذات عِرق ميقات حجّاج الشرق.

وتتضمن التلبية الترديد المستمر لما يلي:

(لبَّيك اللهمّ لبَّيك، لبَّيك لا شريك لك لبَّيك، إن الحمد والنعمة لك والملك لا شريك لك).

وتبدأ مباشرة بعد الإحرام، وتستمر حتى وصول الحُجّاج إلى بيت الله، وهو الذِكر الوحيد الذي أوصى به الله للحج والعمرة.

يشير الطواف إلى الجولات أو الدورات السبع حول بيت الله مع إيفاء شروط الطهارة الدينية كاملة، وتبدأ كلّ جولة من الحجر الأسود وتنتهي به، ويتمّ استلامه في بداية كلّ جولة؛ والاستلام هو تقبيل الحجر الأسود أو لمسه باليدين ثم تقبيلهما. وإذا كان المكان مزدحماً وتعذّر الوصول إليه، يرفع الحاج يديه في اتجاه الحجر الأسود، أو يشير إليه بعصا أو ما شابه ذلك.

يشير السّعي إلى الطَّواف بين الصَّفا والمَروَة، ويتألف من سبع جولات تبدأ بالصّفا، وكلّ جولة كاملة تمتد من الصَّفا إلى المَروَة. ولا بدّ أن تنتهي الجولة الأخيرة بالمَروَة.

والسَّعي بين الصَّفا والمَروَة أمر اختياري على غرار الأضحِيّة، وليس شرطاً أساسياً في شعائر العُمرة التي يمكن أن تتم من دونه.

ويعني (الهَدْي) الحيوانات التي تُقدَّم للتضحية بها في الحرم، ويجب أن تُميَّز بعلامة على جسدها، أو قلادة حول عنقها.

ب. الحج:

الإحرام هو أول ما يبدأ به الحاجّ مناسك هذه العبادة مع عقد النيّة على أداء الحجّ.

يجب على القادمين من خارج مكة ارتداء ملابس الإحرام من ميقاتهم. أمّا السكان المحليّون (المكيّون وأصحاب الإقامة المؤقتة)، أو مَن يعيشون خارج حدود الحرم، فعليهم ارتداء ملابس الإحرام من أماكن إقامتهم، ويمكنهم بعد الإحرام البدء بالتلبية مباشرة.

يذهب الحُجّاج إلى (مِنى) في الثامن من ذي الحجة، ويقيمون هناك، ثم إلى عرفات في اليوم التالي (التاسع من ذي الحجة) حيث يلقي الإمام

خطبة قبل صلاة الظهر، ويُصلّي الظهر والعصر جمعاً وقصراً، وبعد الصلاة يُعظّم الحجاج الله تسبيحاً وتحميداً معبّرين عن امتنانهم له، مقرّين بمجده ووحدانيته، داعين ومتضرِّعين له ما استطاعوا إلى ذلك سبيلا.

ينطلق الحُجّاج إلى مزدلفة بعد غروب الشمس، فيؤدون صلاتَي المغرب والعشاء جمعاً وقصراً، ويقضون الليل في ساحة مزدلفة، ثم يقومون بتعظيم الله والاعتراف بفضله وعظمته ووحدانيته كما فعلوا في عرفات، ثم يغادرون إلى (مِنى)، وحالما يصلون إلى جمرة العقبة يتوقفون عن التلبية، ويرجمون هذه الجمرة بسبع جمار (حجارة).

إذا اصطحب الحاج هدْياً أو كان ملزماً بنَذْر أو كفارة وجب عليه تقديم التضحية. ويحلق الرجال بعد ذلك رؤوسهم، وعلى النساء قصّ شيء من شعورهن، ثمَّ ينزعن ملابس الإحرام.

ينطلق الحجاج بعد ذلك إلى بيت الله، ويطوفون حوله إيذاناً برفع القيود التي فرضها الإحرام. وإذا أراد الحاجّ بعد ذلك السّعي بين الصَّفا والمَروة، فله أن يفعل ذلك لأنه اختياري.

يعود الحُجّاج بعد ذلك إلى (مِنى)، فيبقون هناك يومين أو ثلاثة أيام، ويرجمون الجمرة الكبرى ثم الوسطى ثم الصغرى بسبع جمرات لكلّ واحدةٍ منها يوميّاً.

هذه هي مناسك الحج والعُمْرَة منذ سيدنا إبراهيم، ولم يغيّر القرآن شيئاً منها، بل قام بتفسير بعض أحكامها التي كانت تفتقد إلى توجيهات مسبقة واضحة.

وأول هذه الأحكام أنّ إظهار الاحترام لكلّ ما أعلن الله قدسيته بخصوص الحجّ والعُمْرَة هو شرط من شروط الإيمان. ويجب اتباع ذلك والتعبير عنه مهما كلّف الأمر، وإذا قامت جماعة بانتهاك هذه القدسية، فللمسلمين حق الرّد بالمثل، والسبب هو أن احترام المقدّسات أمر متبادل، ولا يمكن لأحد طرفي المعاهدة الالتزام به منفرداً.

والحكم الثاني أنه على الرغم من مشروعية الحرب والجهاد، فلا ينبغي للمسلمين أن يبادروا إليها، أو ينتهكوا قدسية وحرمة ما نصَّ عليه الله مهما كانت الظروف.

والحكم الثالث هو تحريم صيد الحيوانات البرية على الحُجّاج خلال الإحرام، بينما يحقُّ صيد الحيوانات البحرية وأكلها إذا صادها آخرون؛ ومع ذلك، لا يعني هذا الإذن الاستفادة منها بشكل جائر. وصيد الحيوانات البرية أثناء الإحرام محرّم في كلّ الظروف، وإذا ارتكب أحد هذا الإثم فعليه كفّارته، وثمة ثلاث طرق للكفّارة:

1 ـ إحضار حيوان أليف مشابه للحيوان المصطاد إلى بيت الله للتضحية به.

2 ـ وإذا كان ذلك غير ممكن، فلا بدّ من تقدير ثمن هذا الحيوان وإنفاقه على إطعام الفقراء.

3 ـ وإذا تعذّر ذلك أيضاً، فلا بدّ من الصيام أياماً تساوي عدد الفقراء الذين يجب إطعامهم.

وفيما يتعلق بالحيوان الذي يجب التضحية به، أو تقدير ثمنه إن تعذّر الأول، أو عدد الفقراء الذين يجب إطعامهم، أو عدد الأيام التي يجب صيامها، فهذا يقرّره مسلمان مؤتمَنان كي لا يكون هناك أي احتمال للخطأ أو الانحياز إلى من وقعت عليه هذه الكفّارة.

والحكم الرابع، إذا عجز الحجاج عن الوصول إلى البيت الحرام، وضُرب عليهم الحصار في موضع ما، فيمكنهم إرسال جمل أو بقرة أو شاة للتضحية. وإذا كان ذلك غير ممكن، ذبحوها. في المكان الذي حُوصروا فيه. ويمكنهم نزع ملابس الإحرام (التحلّل) بعد حلق رؤوسهم، ويكملون بهذا حجّهم أو عُمرَتهم.

لا بدّ من الإشارة بوضوح إلى أنّ حلق الرأس غير مسموح قبل ذبح الأضحية، سواء في مكة أم مِنى أو مكان الحصار إلّا إذا كان المرء مريضاً، أو يعاني مرضاً في رأسه، فعليه أن يحلقه قبل ذبح الأضحية.

سمح القرآن للحجاج القيام بذلك في ظروفٍ كهذه، ولكن عليهم دفع كفّارته عن طريق الصيام أو الإنفاق في سبيل الله أو ذبح الأضاحي، وتُحدَّد كميتها وعددها وفق تقديرهم.

الحكم الخامس، إذا أراد القادمون من خارج مكة أن يجمعوا الحجّ والعُمرَة في رحلة واحدة، فبإمكانهم ذلك عن طريق نزع ملابس الإحرام بعد أداء العُمرَة وارتدائها ثانية في الثامن من ذي الحجة لأداء مناسك الحجّ، وقد منح الله هذا الحقّ للحجاج كي لا يكلفوا أنفسهم عناء القيام برحلتين، ولذلك عليهم دفع كفّارة للاستفادة من هذا الحقّ، وثمة طريقتان للقيام بذلك:

يجب التضحية بأيّ حيوان متوفر من الإبل أو البقر أو الشياه، أو الصوم لعشرة أيام إن كان ذلك غير ممكنٍ: ثلاثة أيام أثناء الحجّ وسبعة عند الإياب إلى منازلهم.

يوضح الشرح السابق أن ما يسرُّ الله هو القيام برحلتين منفصلتين لكلٍّ من الحج والعُمرَة، وكان القرآن قد أوضح أنّ هذا الحقّ ليس ممنوحاً للذين يسكنون قرب المسجد الحرام.

الحكم السادس، يمكن للحجّاج أن يعودوا من (مِنى) في الثاني عشر من ذي الحِجّة، ويمكنهم البقاء يوماً إضافياً، وليس عليهم في ذلك إثم كما يؤكد القرآن، لأن الأهمية الحقيقية لا تكمن في عدد الأيام، إنما في الوقت الذي يقضونه في ذكر الله.

5. الأُضحِيَّة

لقد كانت التضحية ـ ومن أسمائها القربان ـ وسيلة عظيمة للتقرّب من الله في كلّ أديان العالم القديمة، وهي تشبه الزّكاة في جوهرها، إلّا أنه يجب ألّا يُنظَر إليها بوصفها تضحية بالمال، بل تضحية بالنفس التي تُفتدى بالحيوان بدلاً منها.

1.5. تاريخ التضحية

بدأ تاريخ التضحية (القربنة) منذ سيدنا آدم (عليه السلام) حسب ما جاء في القرآن عندما قدّم ابناه (قابيل وهابيل) قربانهما إلى الله، فَقُبِل من أحدهما ورُفِض من الآخر. وقد ذكر الكتاب المقدّس في موضع منه، بكلّ وضوح، أنّ هابيل كان قد ضحّى ببعض أبكار أغنامه ونعاجه في تلك المناسبة.

وقد استمر ذلك لاحقاً، ونجد الدلائل التي تثبت هذه الحقيقة في كلّ الأديان، وازدادت أهمية التضحية وعظمتها وعالميتها بعد تضحية سيّدنا إبراهيم عليه السلام الذي جاءه الأمر الإلهي بالتضحية بحيوان بدلاً من ابنه الذي كان قد همّ بذبحه، قال تعالى: ﴿وَفَدَيْنَٰهُ بِذِبْحٍ عَظِيمٍ﴾[1].

ويعني هذا أنّ تضحية إبراهيم قد قُبِلَت، وبذلك يتذكر النّاس هذا الحدث من خلال أضحياتهم جيلاً بعد جيل، وقد أضحت عبادة اختيارية (نافلة) يؤدّيها المؤمنون بحماسة وحرارة في كلٍّ من الحجّ والعُمرَة وعيد الأضحى وفي مناسبات أخرى.

2.5. الغاية من التضحية

إنَّ الغاية من التضحية هي التعبير عن الامتنان للَّه تعالى، إذ عندما نضحي بحياتنا إلى الله بشكل رمزي عن طريق ذبح الحيوان، فكأننا نشكر الله على هدى الإسلام الذي عبّر عنه سيدنا إبراهيم بتضحيته بابنه الوحيد، وما ترداد كلمات التكبير والتهليل في تلك المناسبة إلّا تعبير قولي عن الامتنان للَّه بعد التعبير العملي: التضحية. وبناءً على ما ورد، فإنّ التضحية هي ذروة العبادة، إذ عندما نجعل الحيوان ينتصب على أقدامه ويخفِضُ رأسه باتجاه بيت الله، ونتّجه الوجهة ذاتها عند ذبحه مردِّدين (باسم الله والله أكبر)، فإننا بذلك نضحي بأنفسنا للَّه.

(1) سورة الصافات، الآية: 107.

3.5. تقديم الأضاحي

تنصّ شريعة التضحية على ما يلي:

- يمكن التضحية بكلّ حيوان ذي أربعة أرجل من بهيمة الأنعام.
- يجب أن يكون الحيوان المراد التضحية به خالياً من العيوب وفي حداثة السّن.
- يبدأ وقت التضحية بعد صلاة العيد في العاشر من ذي الحِجّة (يوم النحر).
- الأيام المُحدّدة للتضحية هي الأيام ذاتها التي يبقى فيها الحُجّاج في (مِنى) حالما يعودون من مزدلفة، وتسمّى في الاصطلاح الديني (أيام التشريق).

وتنصّ السُّنَّة النبوية بالإضافة إلى التضحية في هذه الأيام على وجوب القيام بالتكبيرات بعد كلِّ صلاة جماعة دون الالتزام بصيغ لغوية محدّدة لكونها مطلقة من أي شرط.

- يمكن لأولئك الذين ذبحوا الأضاحي أن يأكلوا منها، وأن يُطعِموا الآخرين منها أيضاً.

ثانياً:

الشريعة الاجتماعية

(أحكام الأحوال الشخصية)

1 ـ الزواج.

2 ـ المحارم (النساء المُحَرَّمات على الرّجل).

3 ـ شروط النكاح (أحكام الزواج).

4 ـ حقوق الزوجين وواجباتهما.

5 ـ تَعدُّد الزّوجات.

6 ـ حدود الجِماع (أحكام العلاقة الجنسية بين الزوجين).

7 ـ الإيلاء (الحَلْف بترك وطء الزوجة).

8 ـ الظِّهار (تحريم الرّجل امرأته عليه).

9 ـ الطّلاق وأحكامه.

10 ـ الأحكام المتعلقة بالأرامل.

11 ـ قواعد الاختلاط.

12 ـ الأحكام المتعلقة بالوالدين.

13 ـ الأحكام المتعلقة بالأيتام.

يميل الإنسان بفطرته إلى العيش في جماعة، وقد منح الله الإنسان هذه الفطرة لأنّه لم يخلقه في ريعان شبابه ولا أماته فيها قبل المرور بالشيخوخة، بل على العكس من ذلك، خلق الإنسان طفلاً ضعيفاً في رَحِم أمّه، ثم يأتي إلى الدنيا مغموراً بعاطفة الحنان الأمومي، وينمو ويكبر بعد أن يتلقى من الآخرين الطعام والغذاء. في البداية يجرّ جسمه جرّاً، ثم يحبو على أربع قبل أن يحاول الانتصاب على اثنتين بمشقة كبيرة، ويبقى بعد ذلك في احتياج إلى عون الآخرين في كلّ خطوة يخطوها، حتى يقارب أخيراً سنّ الرّشد في عمر الخامسة عشرة أو ما ينوف على ذلك، وبعد مرحلة المراهقة والشباب التي قد تستغرق عشرين سنة أو أكثر، تأتي مرحلة الهرم والشيخوخة. ورغم اجتهاد الإنسان في تحصيل أعلى درجات المعرفة، فإنّه يركن إلى الآخرين، ويلجأ إليهم لتلبية احتياجاته مثل طفل ضعيف في بقية حياته.

تتطلب دورة حياة الإنسان أن يعيش في بيئة اجتماعية، وهو يميل منذ بداية حياته إلى الانخراط في جماعة (شلّة، نادي، فريق رياضي، قبيلة، حزب...) ميلاً غريزياً سواء أكان رجلاً أم امرأة، لأنّ هذه الجماعة تكفل له تلبية احتياجاته النفسية والجسدية.

يُظهِر تاريخ الإنسان أنّ الله تعالى قد أرسل لآدم، بسبب هذا الجانب الفطري من تكوين الإنسان، زوجةً مخلوقةً من جنسه لتكوين الأسرة الأولى التي تطورت إلى قبيلة ثم دولة في نهاية المطاف. وقد وفّرت هذه الأشكال الاجتماعية له الفرصة لإدراك قدراته ودوافعه الكامنة.

وبالنظر إلى كلّ هذه الحقائق، وضرورة إقامة مجتمع راسخ على هذه الأسس، أخذ دين الأنبياء تلك الحقائق بالنظر والاعتبار، ورأى أنّ قيام رابطة أبدية بين الزوجين ضروري لتأسيس مجتمع يعتمد على الحقائق الجوهرية

التي ذكرناها. ويتمحور مضمونها العقلي على أن رابطة الزواج الدائمة هي التي تلبي احتياجات الزوجين الجسدية والنفسية والاجتماعية. وقد منح الله، من هذا المنطلق، الإنسان الشريعة الاجتماعية عبر رسله لإرشاد العقل البشري إلى الطريق الواضح الذي يوصل إلى فهم دقيق للأحوال الشخصية، وفيما يلي تفصيل لشريعة الله:

1. الزواج

إنّ الطريقة الشرعية الوحيدة لإشباع حاجات الرجل والمرأة الجسدية هي الزواج (النكاح)، وهو إعلان واضح عن عقد بين الرجل والمرأة للعيش معاً كزوجين بشكل دائم، ويقوم بإعلان عقد الزواج شخص مهم ذو هيبة ووقار (الشيخ أو القاضي) بحضور جمع من الناس بعد أخذ موافقة الفتاة وشهادة الشهود. وللمرأة الحقّ في اتخاذ قرار الزواج كالرجل، ويُؤخذ رأيها ضمن حدود شريعة الله، ولا يمكن إجبارها على الزواج.

2. المحارم

يُحرَّم الزواج من الأم والبنت والأخت والعمّات والخالات وبنات الأخ والأخت[1]، لأنّ الله يريد أن تبقى نظرة الابن لأمه، والأب لابنته، والأخ لأخته، وابن الأخت لخالته، وابن الأخ لعمته، والعم لابنة أخيه، والخال لابنة أخته، منزّهة عن أي ميل جنسي. وغشيان المحارم يدمر الكرامة والشرف، ويناقض العِفّة والطهر الذي يميّز الإنسان عن الحيوان. وثمّة قسم آخر يُحرَّم بالرّضاعة، وقسم ثالث مُحرَّم بالمصاهرة ويشمل زواج الحمي من زوجة الابن، والزوج من أم الزوجة، وابنة الزوجة وأخت الزوجة وابنة أختها وابنة أخيها وعمّاتها وخالاتها، وذلك حفاظاً على قدسية العلاقات الاجتماعية

(1) ﴿حُرِّمَتْ عَلَيْكُمْ أُمَّهَاتُكُمْ وَبَنَاتُكُمْ وَأَخَوَاتُكُمْ وَعَمَّاتُكُمْ وَخَالَاتُكُمْ وَبَنَاتُ ٱلْأَخِ وَبَنَاتُ ٱلْأُخْتِ﴾، سورة النساء، الآية: 23.

الناجمة من المصاهرة. وقد فرض القرآن على المحرّمات بالمصاهرة ثلاثة شروط لأنّه وجد فيها شيئاً من الضّعف وهي:

- تُحرَّم ابنة الزوجة إذا تحققت الخلوة بأمّها، بما معناه: إذا تزوج الرجل امرأة ودخل بها، حُرِّم عليه التزوّج بإحدى بناتها تحريماً مؤبّداً.
- تُحرَّم زوجة الابن الذي هو من صُلب أبيه.
- تُحرَّم أخت الزوجة، وابنة أختها، وابنة أخيها، وخالاتها وعمّاتها ما دامت الزوجة على ذمّة زوجها، ويُحرَّم أيضاً الزواج من زوجة الابن، ومن امرأة متزوجة بزوج آخر.

3. شروط الزواج

1 ـ أن يكون النكاح على مهر، وهو تعبير رمزي عن مسؤولية الرجل عن الإنفاق على زوجته رغبةً في إدامةِ العلاقة الزوجية. ولم تحدّد الشريعة مقدار المهر أو اسمه، بل تُرِك لعادات المجتمع وتقاليده، وظروف الزوج الاقتصادية.

2 ـ الكفاءة وهي المساواة في الدين والخلق، فلا يمكن للزّاني أن يتزوج امرأة عفيفة طاهرة، ولا تتزوج الزانية رجلاً صالحاً، إلّا إذا تابا توبةً صادقة قبل أن يصل أمرهما إلى المحكمة. وذلك هو الحال مع الشِّرك، فإذا كان المسلم يرفض الخيانة الزوجية القائمة على التعدّد، فعليه كذلك أن يرفض الشِّرك ولا يؤمن إلّا بإله واحد، فلا يسمح أن يُعبَد في بيته غير الله. والواقع أنَّ إثم الشِّرك أشدُّ مقتاً واشمئزازاً من إثم إقامة الرجل علاقة مع امرأة خارج نطاق الزواج أو العكس. ولكنْ، في حالة اليهود والمسيحيين، هناك مراعاة إلى درجة أنّ الله قد سمح للمسلمين بالزواج من نسائهم العفيفات. والسّبب في ذلك أنّه، على الرغم من إدانتهم برجس الشرك وتعدد الآلهة، إلا أنّهم في الأساس من أتباع التوحيد.

4. حقوق وواجبات الزوجين

تشبه الأسرة الدولة الصغيرة، فإذا كانت كلّ دولة تحتاج إلى حاكم يتولّى شؤون دولته، ويضمن لأبنائها العيش والبقاء، فإنّ الأسرة أيضاً تحتاج إلى من يتولّى مسؤولية شؤونها، وقد تُناط بالزوج أو الزوجة. وتُمنَح هذه المسؤولية للرجل في أغلب الأحيان لأسباب تتصل بقدراته وصفاته الجسدية الموروثة على النحو الذي وضّحه كتاب الله، وتترتّب كنتيجة حتمية لقوامة الرجل على المرأة واجبات تُفرَض عليها، وهي:

أولاً: طاعة الزوج والامتثال له في غير معصية الله.

ثانياً: الحفاظ على كرامة الزوج وشرفه.

ثالثاً: حفظ مال الزوج وأثاث البيت ومتاعه، ورعاية الأطفال.

وإذا بدر من الزوجة اعتراض أو احتجاج على استئثار الزوج بالمسؤولية، فللزوج، كما أمر الله تعالى، أن يتّبع ثلاث طرق لحماية أسرته من الفوضى والخلل، وهي:

1 ـ ينصح الزوج زوجته، ويحثّها بالحسنى على تقويم سلوكها، وهو المقصود بكلمة (وعظ) الواردة في القرآن، وإن لمس عندها شيئاً من الإعراض زجرها ووبّخها.

2 ـ يوقف علاقته الحميمة معها (الهجر في المضاجع) كرسالة ضمنية تُفسَّر على أنها إذا لم ترتدع، فإن عواقب وخيمة تنتظرها.

3 ـ تُعاقب عقاباً جسديّاً بمقدار ما يعاقب المعلم تلميذه أو الأب ابنه.

ولا بدّ أن نلاحظ التدرّج في الطرق السابقة[1] من الملاينة والملاطفة في البداية، إلى القسوة في النهاية، وبينهما رسالة تقع بين بين.

(1) ﴿وَٱلَّٰتِي تَخَافُونَ نُشُوزَهُنَّ فَعِظُوهُنَّ وَٱهۡجُرُوهُنَّ فِي ٱلۡمَضَاجِعِ وَٱضۡرِبُوهُنَّ﴾ سورة النساء، الآية: 34.

تشير الإجراءات السابقة إلى الحدّ الأقصى الذي يمكن للرجل اتّباعه في نصح الزوجة وحثّها على إصلاح سلوكها، فإن تكللت بالنجاح، فعلى الزوج أن يكون متسامحاً، وألا يلجأ إلى الانتقام والتشفّي.

وإذا وقع من الزوج كراهة لزوجته، فليس له أن يقسوَ عليها من أجل استعادة الأموال والأشياء التي كان قد منحها إياها. ولكن يحقّ له ذلك إذا ثبت ارتكاب الزوجة الفاحشة، أمّا إذا ثبت أنّ الزوجة كانت بريئة، وكانت مخلصة ومطيعة لزوجها، فإنّ من الظلم والإجحاف أن تتعرض لمضايقة أو مناكدة من زوجها، كما لا يحقّ له أن ينغِّص عليها حياتَها إذا كان شكلها ومظهرها الخارجي لم يعد يروق له، أو لأنّ ذوقها لا يستجيب لذوقه. ورغم الكراهية يجب على الزوج الذي لا يحبّ زوجته أن يعاملها بالعدل والرأفة والاستقامة والعقل والطبيعة البشرية.

5. تعدد الزوجات

تَظهر منافع مؤسسة الزواج ومزاياها من خلال الاقتران بين رجل وامرأة واحدة أو امرأة ورجل واحد وفق معايير الطبيعة البشرية. ولكن، تحت تأثير حاجات اجتماعية ونفسية واجتماعية وسياسية وثقافية، نشأ نظام تعدد الزوجات في كلّ مجتمع على نحو واضح منتشر أو بصورة معتدلة أقلّ انتشاراً. ومراعاة لهذه الحاجات، لم يمنع الله تعدّد الزوجات في شريعته التي أوحى بها في مختلف العصور. ومع ذلك، عندما حث القرآن المسلمين على الاستفادة من نظام تعدد الزوجات لحلّ المشكلات الاجتماعية التي نشأت في عصر الرسول ﷺ جعلها مشروطة بأمرين:

1 ـ لا يمكن الرجل الزواج بأكثر من أربع نساء، حتى وإن كان ذلك لغرض نبيل كخدمة الأيتام مثلاً.

2 ـ إذا كان الرجل غير عادل، فعليه أن يتزوج واحدةً فقط، لأنّ العدل قيمة سامية يجب التمسك بها مهما كلّف الأمر، ولا يمكن التضحية بها وإن

كان غرض التضحية نبيلاً. ومع ذلك فإنّ هذا العدل لا يعني المساواة بين الميول الداخلية والسلوك الخارجي، لأنّ الرجل إذا استجاب لها، انفلت من عقاله وخرج على الضوابط الأخلاقية، ولا يمكن لأحد أن يكون عادلاً بخصوص هذا الأمر لأنه لا يملك سلطة على قلبه. ويكفي للزوج ألّا يميل ميلاً كاملاً إلى إحدى زوجاته ولا يبالي بالأخرى كأنها بلا زوج، فيوصف عندئذٍ بأنه ظالم.

وسواء أكان الزواج لحماية مال اليتيم أم لغرض آخر، فإنّ المهر والعدل هما حقَّان للمرأة، ويجب أن يُدفَع المهر عن طيب خاطر.

وإذا كان هناك خوف أن يهمل الزوج زوجته، أو يفكر بهجرها بسبب مطالبتها له بالعدل، فلا بدّ أن يستقرا على تسوية وحلّ وسطي.

6. حدود الجِماع وضوابطه

يُحرّم الجِماع على الزوجين في فترة الحيض والنّفاس، ويظلّ التحريم ساري المفعول حتى يتوقف النزيف بالنسبة للحائض، وتنتهي مدة النّفاس بالنسبة إلى النفساء، ويفضَّل أن يكون الجِماع بعد استحمام المرأة وتطهُّرها وفق شريعة الله.

7 ــ الإيلاء:

الإيلاء هو أن يحلف الزوج القادر على الوطء بالله تعالى أو صفة من صفاته على ترك وطء زوجته أبداً أو أكثر من أربعة أشهر.

ولا يجوز قطع العلاقة الزوجية مع المرأة دون سبب شرعي، وإذا حلف على ترك الوطء دون عذر، فيمكنه أن يعود عن حِلفانه خلال مدة أقصاها أربعة أشهر، يقرر بعدها الزوج استئناف العلاقة الزوجية أو الطلاق.

8. الظِّهار

يكون الظِّهار إذا شبّه الرجل زوجته بأمّه أو بعضِها أو بأخته أو بأخت زوجته أو عمتها أو نحو كلّ ما سبق ممّا يحرَّم عليه. وقد حرّم الإسلام الظِّهار، لأنّ تشبيه الزوجة بالأم كذب وتزوير، فالزوجة مباحة، أما الأم فهي مُحرَّمة، وهذا أمر منكر لأنه يحرّم ما أحلّه الله، وإذا كان الظِّهار لا يجعل الزوجة مُحرَّمة فعلاً وواقعاً، فيجب ألا يُفلِت الزوج الذي قال لزوجته: «أنت عليّ كظهر أمي» من العقاب حفاظاً على العلاقات الاجتماعية، ورغبةً في الرّدع والتعليم والتحذير. وقد أبطل الإسلام الظِّهار، وأوجب فيه الكفّارة قبل أن يقرب زوجته. وتكون الكفّارة على النحو الآتي:

- إعتاق رقبة رجل مؤمن أو امرأة مؤمنة (تحرير العبيد).
- فإن لم يجد، فصيام شهرين متتابعين.
- فإن لم يستطع فإطعام ستين مسكيناً.

9. الطلاق

إذا ساءت العِشرة الزوجية بين الزوجين، ونَشَزَ أحدهما على الآخر، وتعذّر الصلح، فلا بدّ من وسيلة لحلّ هذه المشكلة، وهي الطلاق الذي أقرّته الأديان السماوية كلُّها. ويجب على كلا الزوجين قبل الاضطرار إلى أبغض الحلال أن يبذل كلٌّ منهما ما أمكن من الجهود للحفاظ على قدسية الحياة الزوجية. وإن استحال ذلك يجب القيام بمحاولة أخيرة تتمثل في وساطة أهل الزوجين وأقاربهما والأصدقاء الناصحين لهما لإصلاح ذات البين، عسى أن تحقق هذه المحاولة الأخيرة ما لم تحققه المحاولات السابقة.

إنّ الزوج هو ربّ الأسرة، ومسؤول عن الإنفاق عليها وعلى زوجته، ولهذا يحقّ له المبادرة بالطلاق، أمّا الزوجة فلا يحقّ لها أن تطلِّقَه بالأسلوب ذاته، بل تطلب إليه ما هو في حكم الطلاق المسمّى (الخلع). ومن المتوقع

على العموم أن يقبل كلُّ زوج نبيل هذا الطلب إذا تعذّر حسن المعاشرة، فإذا لم يقع ذلك لجأت إلى المحكمة، فيأمر القاضي الزوج بتطليق زوجته تطليقاً يُسمَّى في الاصطلاح الفقهي (الفَسخ)، أو تلجأ المحكمة ذاتها إلى إلغاء عقد الزواج.

وسواء طلّق الزوج زوجته بنفسه أم طلّقها بناء على طلبها، فقد شرّع القرآن الطلاق في كلتا الحالتين وفق ما يلي:

1 ـ يتم الطلاق مع أخذ (العِدَّة) مأخذ الاعتبار، أي لا يمكن تطليق الزوجة بالانفصال الفوري، ويتم الطلاق في جميع الأحوال بِنيّة مدروسة على الانفصال الذي يقع بعد فترة انتظار معينة تسمّى (العِدّة).

تعني العِدّة اصطلاحاً التربّص المحدود شرعاً، وحكمُها أنّها واجبة على كلّ امرأة فارقت زوجها بطلاق أو خلع أو فسخ أو وفاة، وهي لا تستطيع خلال (العِدّة) الزواج من رجل آخر حتى يتم التثبّت من براءة رحِمها خشية اختلاط الأنساب. ولذلك من المهم أن يتم الطلاق في فترة الطُّهر بعد إكمال الزوجة الحيض دون ممارسة الجماع.

2 ـ يجب إحصاء العِدّة باحتياط كبير، لأنّ الطلاق في مجتمعنا أمر حسّاس، ويخلِق الكثير من القضايا القانونية للرجل والمرأة والأطفال والأسرة بأكملها. ولهذا، من الضروري أن يتم حساب وقت الطلاق وتاريخه، وأن يتذكّر الرجل حالة المرأة عند الطلاق، ومتى تبدأ العِدّة، ومتى تنتهي.

3 ـ يستطيع الزوج الرجوع إلى زوجته ما دامت معتدّة، فإن لم يحدث ذلك انتهت العلاقة الزوجية بنهاية العِدّة، وقد أمر الله تعالى، في كلتا الحالتين، أن يتم ذلك بالمعروف وفق قواعد التقاليد الاجتماعية الصحيحة. وفيما يلي التوجيهات التي فرضها الله بهذا الصدد:

أ ـ لا يجوز للزوج استرداد ما قدّمه لزوجته من مال وملابس ومجوهرات وهدايا وممتلكات مهما كانت قيمتها. والنفقة والمهر

أيضاً حقّان للزوجة لا يجوز استردادهما. وأكّد القرآن أنه لا يجوز استرداد أيّ شيء منحه الزوج زوجته إلّا في حالتين:

ـ أولهما استحالة استمرار الزواج وفق حدود الشرع، ووفق رأي وجهاء الأسرة، ولكنّ الزوج لا يرغب في الطلاق بسبب قلقه من خسارة الأموال والعقارات والهدايا التي كان قد منحها لزوجته. ويمكن للزوجة هنا أن تعيد الأموال أو جزءاً منها مقابل الحصول على الطلاق.

ـ وثانيهما ارتكاب المرأة الفاحشةَ التي تدمِّر الأساس الذي شُيِّدَت فوقه رابطة الزواج.

ب ـ لا يكون الزوج مسؤولاً عن إعطاء زوجته المهر إذا طلّقها قبل الدخول عليها، أو إذا لم يحدّد مقدار مهرها. أمّا إذا حُدِّد المهر وحصل الطلاق قبل الدخول، فعلى الزوج أن يدفع نصف المهر المُحدَّد، إلّا إذا تخلّت المرأة عن المهر طوعاً، أو قام الرجل بدفع كامل المهر إحساناً وسماحةً.

ج ـ يمنح الرجل زوجته عند الانفصال عنها بعض الموارد المالية، وقد فرض القرآن ذلك على المتّقين والصالحين الذي يخافون الله. ويُحدَّد مقدارها وفق أعراف المجتمع، والوضع المالي للزوج. وحتى إذا تمّ الطلاق قبل الدخول أو دون تحديد مقدار المهر، فعلى الرجل أداء هذا الغرض كما أمره الله.

1 ـ إذا تراجع الزوج عن قرار الطلاق أثناء العِدّة بقيت المرأة على عصمته، ويُسمَّى ذلك شرعاً (الرَّجعة)، ويجوز للرجل ممارسة حقّ الطلاق والرجوع عنه في فترة العِدّة مرتين. وحين يستخدم هذا الحقّ مرةً ثالثة، يقع الطلاق إلى الأبد، إلّا إذا تزوجت آخر وطلّقها.

2 ـ وسواء قرّر الزوج الطلاق أم الرجعة، فعليه في كلتا الحالتين أن يستدعي

اثنين من المسلمين ليكونا شاهدين مؤتَمَنين على قراره، لضمان عدم تفنيد أحد الطرفين لذلك القرار، ولحلّ أيّ خلاف قد ينشأ بهذا الصدّد.

3 ـ وتكون عِدّة الطلاق عادةً ثلاث حيضات (قروء) وفق الشريعة[1]، وإذا كانت المرأة حاملاً فعِدّتها إلى الولادة، وإذا لم تَحِضْ بسبب التقدّم في العمر (سنّ اليأس)، أو بسبب صغرها، فعِدّتها ثلاثة أشهر. وإذا لم تحدث علاقة جنسية مع المرأة، تنتفي إثارة مسألة الحمل، فلا تترتب عليها أيّ عِدّة.

والتوجيهات المتعلقة بالعِدّة كما يلي:

1 ـ يُحرَّم على الزوجة مغادرة منزلها في فترة العِدّة، ويُحرَّم على الزوج إجبارها على ذلك، وربما تقع الفائدة من بقائهما في المنزل معاً، فيقع بينهما صلحٌ يحفظ الأسرة من الانهيار، إلّا إذا حصل الطلاق بسبب ارتكاب الزّنا، فلا يمكن للزوج أن يمسك عليه زوجته، ولا يجلب بقاؤها أيَّ نفع.

2 ـ على الزوج أن يُوفِّر للمرأة المطلّقة المسكن والنفقة بما يسمح به وضعه المالي. وقد يبخل عليها بعد الطلاق، ولذلك، أُمِرَ أن يؤمِّن لها احتياجاتِها على النحو الذي لا يمسّ كرامتها وكبرياءها، ما يجبرها على مغادرة المنزل بنفسها.

3 ـ يجب ألّا تحاول المرأة إخفاء حَملها خلال العِدّة، وهو الأمر الذي شدَّد الله عليه، لأنّ الغاية من فرض العِدّة هو التحقّق من براءة الحمل.

4 ـ إذا طلب الزوج إلى مطلّقته إرضاع صغيره، فعليها تحمُّل هذا العبء لسنتين. وإذا كانت راغبة بإرضاعه، فعلى الرجل أن يدفع لها مقابل ذلك

(1) ﴿وَٱلْمُطَلَّقَٰتُ يَتَرَبَّصْنَ بِأَنفُسِهِنَّ ثَلَٰثَةَ قُرُوٓءٍ﴾، سورة البقرة، الآية: 28.

أجرها، ويتم تأكيد هذه المكافأة بتبادل المشورة وبالإحسان. وإذا مات والد الطفل، فوَرَثَتُه مسؤولون عن الحقوق والواجبات المذكورة سالفاً.

وإذا عزَم المطلّقان على إنهاء فترة الرضاعة قبل السنتين باتفاق الطرفين فلهما ذلك. وإذا أراد والد الطفل أو ورثته أن تتولّى امرأة أخرى إرضاعه، فلا بدّ أن تُوفى الأم بما وُعِدت به على أكمل وجه.

5 ـ لا يحقّ للزوج أن يمنع مطلّقته من الاقتران بشخص آخر، لأنّها تملك حريتها المطلَقة بخصوص الزواج بمن تشاء ومتى تشاء. فإذا كان زواجها يتفق مع الأعراف الاجتماعية، فلا يمكن معارضته أيّاً كانت الظروف.

10 . الأحكام المتعلّقة بالأرامل

تستغرق عِدّة الأرملة أربعة أشهر وعشرة أيام، ما يعني أنّها تزيد على عِدّة المطلَّقة أربعين يوماً، وسبب ذلك أن المرأة يمكن أن تطلب الطلاق بعد الحيض والدخول في الطهارة التي لم يقع فيها اتصال جنسي، بينما لا يمكن للأرملة أن تقوم بذلك، فكان اقتضاء الحيطة والاحتراز مُوجِباً تمديد عِدّة الأرملة.

ولمّا كان حكم عِدّة المطلّقة والأرملة واحداً، فالحفاظ على جميع الاستثناءات المتعلقة بالطلاق واجب مع أخذ عِدّة الأرملة في الحُسبان، ولذلك فإنّ العِدّة تسقط عن المرأة التي لم يتحقق الدخول بها، كما تسقط عِدّة الحامل عند الولادة.

تكون المرأة بعد انتهاء عِدَّتها حرّة، ويمكنها أن تفعل ما تراه مناسباً لها. ولكن، عليها مع ذلك التقيّد بأعراف المجتمع في هذا الأمر. ويجب عليها، بتعبير آخر، ألّا يصدر منها أيّ سلوك يؤثر سلباً على سمعة الأسرة وشرفها وكرامتها التي يجب أن تحسب لها حساباً، بما لا يسمح لأحد أن يغمز من قناتها ويطعن بأولياء أمرها.

إذا عزم رجل على الزواج من أرملة، فبإمكانه عقد النيّة على ذلك في فترة العِدّة، وإخبارها بنيّته بصورة ضمنية. ولكن لا يمكنه إرسال طلب زواج صريح إليها، أو عقد اتفاق سرّي معها متجاهلاً مشاعرها.

وعلى الزوج أن يكتب وصية لصالح زوجاته لتوفير المسكن والنفقة لهنّ لمدة عام، إلا إذا غادرن المنزل أو قمنَ بخطوة مماثلة.

11. معايير الاختلاط بين الجنسين

لقد شرّع الله من أجل حماية مؤسسة الزواج، والحفاظ على حرمة العلاقات الشخصية، قواعد للاختلاط، وهي:

1 ـ إذا تزاوَرَ الأصدقاء والأقارب والمعارف، فعليهم التزام قواعد اللباقة والتهذيب في التصرف بحيث لا يدخل أحدٌ بيتاً دخولاً مفاجئاً دون استئذان[1]، وينبغي للزائر أن يعرّف بنفسه بإلقاء التحية على أصحاب البيت، وأن يُعلِمَهم بغرض الزيارة، وأن يقيّم مدى استعدادهم لاستقباله، فإذا سمع الزائر ردّاً على تحيته واستجيب له بالدخول، عندها فقط يمكنه أن يدخل. أمّا إذا لم يكن هناك أحد في المنزل لمنحه الإذن، أو كان هناك شخص ما وأخبر الزائر أن مقابلته غير ممكنة، فعليه أن يرجع دون أن يشعر بأيّ ضيق أو إساءة.

2 ـ لم تُفرَض هذه القواعد لحرمان الناس من التكافل، أو لتقليص حريتهم الاجتماعية. ولذلك، لا حرج على الناس، وعلى أقاربهم الذين يعانون من عجز أو إعاقة، والذين يسكنون بينهم، أن يزور بعضهم بعضاً. ولا حرج أيضاً أن يأكل الرجل والنساء معاً في منازلهم، أو منازل أبنائهم أو آبائهم وأجدادهم وأمهاتهم وإخوتهم وأخواتهم وأعمامهم وعمّاتهم

---

(1) ﴿لَا تَدْخُلُوا۟ بُيُوتًا غَيْرَ بُيُوتِكُمْ حَتَّىٰ تَسْتَأْنِسُوا۟ وَتُسَلِّمُوا۟ عَلَىٰٓ أَهْلِهَا﴾، سورة النور، الآية: 27.

وأخوالهم وخالاتهم وأصدقائهم ومن يقومون برعايتهم. وفي كلّ الأحوال، تبقىٰ التحية واجبة عند دخول البيوت.

وإذا كان المكان الذي يُزار غير سكني، فلا ضرورة لطلب الإذن بالدخول، ويتضمن ذلك الفنادق والنُّزل ودور الضيافة والمحلات التجارية والمكاتب والأماكن العامة. وليس على الخدم، رجالاً ونساءً، والأطفال أن يطلبوا أيضاً الإذن بالدخول إلى الغرف الخاصة. وعليهم أن يستأذنوا ثلاث مرات فقط في أوقات محدّدة من اليوم، وهي قبل صلاة الفجر عندما يكون المقيمون نائمين، وخلال قيلولة الظهر التي قد يتخففون فيها من بعض ملابسهم، وبعد صلاة العشاء عند الذهاب إلى النوم، فهذه الأوقات الثلاثة تتطلب احترام خصوصية الناس، ويمكن للأطفال والخدم ما عدا هذه الأوقات الثلاثة أن يدخلوا الغرف الخاصة الأخرى دون استئذان. ولكن، على الأطفال حالما بلغوا سنّ الرشد، ووصلوا إلى النضج الجنسي أن يطلبوا الاستئذان كلما أرادوا الدخول إلى الغرف الخاصة، مراعين قواعد النظام العام التي تنطبق على الجميع.

3 ـ إذا حضرت النساء في تلك الأماكن، فعلى الرجال أن يغضّوا أبصارهم، وكذلك النساء. فإذا اعتدلت النظرات، وامتنع الرجال والنساء عن إمعان النظر في الملامح الجسدية، وكفُّوا عن إشارات العين الخاصة، تحقّقَ مضمون هذا الحكم، لأنّ الغرض منه ليس تحريم النظر إطلاقاً بالأسلوب الذي يبقى فيه الإنسان محدّقاً في الأرض، وهو ما يشكّل مشقّة وعَنَتاً عليه. بل هو عدم الاستغراق والإمعان في النظر بحرية ودون احتساب.

4 ـ ولا بدّ في هذه المناسبات المختلطة من ستر العورات (الأعضاء الجنسية) ستراً كاملاً يقطع الطريق على الانجذاب والإغراء، ويكون ذلك بارتداء ملابس محتشمة تستر من الجسم الأعضاء التي حرّم الله

الكشف عنها وعن زينتها في الوقت ذاته. ويجب في مثل هذه المناسبات الحرص على ألّا يُظهر الشخص أعضاءه الجنسية.

5 ـ ويُلزِم المرأة خصوصاً ألّا تعرض زينتها إلّا أمام المحارم، إذْ يُباح لها الكشف عن زينة الوجه واليدين والقدمين فقط، وهي في الأصل الأعضاء التي سُمِح بعدم تغطيتها، أمّا الصّدر فلا بدّ من ستره بجلباب يستر ما يزيّنه أيضاً، وعليها ألّا تمشي مشية مَنْ تضرب الأرض بقدميها رغبةً في جذب انتباه الجنس الآخر إلى صوت حُلِيِّها وزينتها.

6 ـ هذا التوجيه بوجوب تغطية الصّدر لا يُلزِم المرأة العجوز التي تجاوزت سنّ الزواج شرط ألّا تفعل ذلك حبّاً بالتباهي والاستعراض، على أنّه مما يرضي الله أكثر أن تلتزم المرأة حتى وإن كانت متقدمة في العمر بإخفاء زينتها أمام الرجال توخيّاً للحشمة والذوق.

12. التوجيهات المتعلّقة بالوالدين

من أهمّ العلاقات التي تنشأ عن الزواج هي تلك التي تتصل بالوالدين، وقد أمرت الكتب السماوية كلّها ببرِّ الوالدين. ويمكن شرح حدود هذا التوجيه وإلزاماته الشرعية على النحو التالي:

أ ـ يجب الامتنان للأب والأم بعد الله، امتناناً يقترن فيه القول بالسلوك العملي. والمقصود بذلك أنّ على الإنسان أن يبدي لوالديه آيات الاحترام والتوقير، وألّا يتضجّر ويتأفّف منهما[1]، وألّا يتفوّه بكلمة واحدة تنم عن ازدراء. وعليه أن يعاملهما بالملاطفة والتعاطف والمحبّة وتقديم فروض الطّاعة، وأن يُصيغ السمع إليهما، ويغمرهما برعايته وحنانه وهما في ضعف الشيخوخة ووهن الكبر.

ب ـ في مقابل هذه المكانة الممنوحة للأبوين، يترتّب عليهما واجب

(1) ﴿فَلَا تَقُل لَّهُمَآ أُفٍّ وَلَا تَنْهَرْهُمَا وَقُل لَّهُمَا قَوْلًا كَرِيمًا﴾، سورة الإسراء، الآية: 23.

تمتين صلة الأبناء بالله، فطاعة الوالدين فيما يرضي الله واجبة، ولكن لا طاعةَ لهما في معصية الخالق، والإشراك به، ومجانبة منهج الهدى. ويجب في هذه الحالة عدم الاستجابة لأي دعوة للانحراف عن تعاليم الله حتى لو جاءت من الوالدين، ولذلك، فإنّ جميع توجيهات الله تعتبر خاضعة لهذا التوجيه، ولا يمكن للمرء أن يعصي هذه التوجيهات إذا طلب منه الوالدان ذلك.

ج ـ في حال الإصرار من الوالدين أو أحدهما على معصية مثل الشِّرك، أو إجبار الابن على ارتكاب إثم لا يقلّ بشاعة عن الشِّرك، فلا طاعة لهما في اقترافه، ولكنّ واجبه نحوهما من حيث اللطف وحسن المعاملة وتلبية حوائجهما يبقى ثابتاً مع الدعاء لهما بالخير والرشاد، فإذا بدر من الأبوين ثبات وإصرار على موقفهما، لا يجوز أن يتراخى الأبناء في تأدية حقّ الوالدين عليهم.

13. التوجيهات المتعلقة بالأيتام

يمكن إيجاز التوجيهات التي أقرّها القرآن فيما يتعلق بالأيتام على النحو الآتي:

1 ـ يجب على أوصياء اليتيم أن يعيدوا إليه ماله عند بلوغه السنَّ القانونية التي تخوّله إدارة أمواله، وعليهم ألا يفكروا أبداً بالاستيلاء عليها، لأنّ أكل مال اليتيم مثل أكل النار. ويجب أيضاً ألّا يقايضوا بسلعهم وأصولهم الرخيصة أموال الأيتام التي تتجاوز قيمتها قيمة تلك السلع، وألّا يخلطوا مالهم بماله بالتحايل على القانون وتلفيق وثائق مزوّرة. وإذا عَمَدَ الوصي إلى خلط ماله بمال اليتيم، فيجب أن يكون فقط من أجل فائدة اليتيم ورفاهه وليس لاغتصاب ماله.

2 ـ إنّ صون مال اليتيم وحماية حقوقه من المسؤوليات الخطيرة، فإن صعُب على الوصي تولّي ذلك العبء وحده، وكان الزواج من أمّهات

اليتيم يسهّل حماية حقّه، فللوصي أن يتزوّج أمهاتهم مثنى وثلاث ورباع بشرط أن يجري ذلك على سُنّة الشرع، وعلى شروطه المعهودة، إذا أمكن العدل بين الأزواج كلها، فإذا حذر من تعذر العدل بينهن فعليه أن لا يقوم بأكثر من نكاح ولو كان لغرض نبيل مثل حماية مال اليتيم، وهذا هو الشرط الأول. والشرط الثاني واضح لا لبس فيه. أمّا الشرط الثالث (**المهر**)، فيقال فيه ما يلي: إذا تخلّت أمّ اليتيم المرشحّة للزواج من الوصي على أمواله عن جزء من مهرها، أو عن المهر كلِّه عن طيب خاطر، عادت هذه الشهامة والكرم بأكبر المنافع على الجميع.

3 ـ يجب تنفيذ التوجيه بإعادة الأموال إلى الأيتام عندما يصلون إلى مرحلة النضج، ويكونون قادرين على إدارة أموالهم بشكل صحيح. وقبل ذلك، تظلّ هذه الأموال في حماية أولياء أمورهم الذين يجب أن يستمروا في الحكم على الأيتام فيما يتعلق بقدرتهم على إدارة شؤونهم المالية والتعامل معها. غير أنه ينبغي في هذه الفترة الانتقالية تلبية احتياجات الأيتام ورفاههم. ويجب على الأوصياء ألّا يستعجلوا في استهلاك أموال الأيتام خوفاً من أن يفقدوا وصايتهم على هذه الثروة بعد نضج اليتيم. وبالإضافة إلى ذلك، يجب على الأوصياء أن يتحدثوا إلى الأيتام بمودة شديدة، وأن يحذروا من أي خطأ أو إساءة إليهم.

4 ـ إذا كان الوصي غنيّاً وجب ألّا يتقاضى من اليتيم أجراً على خدماته، وإن كان فقيراً نال أجراً مستحقاً وفق أعراف المجتمع ومعاييره.

5 ـ عندما يحين موعد تسليم مال اليتيم إلى صاحبه، يجب أن يشهد على ذلك شهود ثقة يُعتدّ بهم درءاً لأي خطأ في التفسير أو لأيّ خلاف، واضعين نصب أعينهم حقيقة أن الله بصير وعليم بذات الصدور، وأنّ الحساب ينتظرهم إذا خانوا الأمانة.

6 ـ ورغم أنّ الشريعة قد حدّدت حصص الورثة من مال المتوفّى، فقد يصدف أن يأتي عند توزيع التركة بعض الأقرباء والأيتام والفقراء. وسواء

أكانوا أصحاب حقّ قانوني في الميراث أم لا، فيجب أن ينالوا شيئاً منه، وأن يُخاطَبوا عند المغادرة بلباقة. وعلى الوصي أو الشاهد أن يضع بين عينيه حقيقة أنّ أولاده يمكن أن يصبحوا في يوم ما أيتاماً، وأن يكونوا تحت رحمة الآخرين على نحو مماثل.

ثالثاً:

السياسة الشرعية
(أحكام التشريع السياسي)

الإنسان كائن اجتماعي بالفطرة والطبيعة، أي إنّ الانخراط في جماعة هو أحد مستلزمات تلك الطبيعة، وهو مضطر عاجلاً أم آجلاً إلى حماية هذا النظام الاجتماعي من سوء استخدام السلطة الممنوحة بتفويض إلهي، وذلك من خلال عملية التنظيم الاجتماعي. وإذا عدنا إلى تاريخ البشرية نستنتج أنّ السياسة والدولة قد نشأ كلٌّ منهما استجابة للتطلع الغريزي إلى الانتماء الاجتماعي، والحاجة إلى حماية الجماعة من الفوضى، وما دام الإنسان وفياً لطبيعته، فلا يمكن أن يتخلص من رغبته في الاجتماع وحاجته إليه. وتستوجب الحكمة لهذا الغرض تنقية أشكال أنظمة الحكم السياسية من شوائب التسلط والاستبداد والظلم بدلاً من الحلم بمجتمع بلا دولة، لأنّ إلغاءها يترك الناس عُرضَةً للعيش في مجتمع تعمّه الفوضى بسبب افتقاره إلى سلطة سياسية تنظّم شؤونه.

ويعرف علماء الكتب السماوية أنّ الله كان قد حدّد منطقتين، اتخذهما قاعدتين لانطلاق رسالة الهداية، وهما فلسطين وشبه الجزيرة العربية، وسبب اختياره هاتين البقعتين أنّ الأمم التي انتُدِبت لتشهد على الدين على

المستوى الكوني يجب أن تقيم مراكز لنشر ديانة التوحيد في تلك المناطق. وقد بُنيت هذه المراكز على شكل مسجدين في مكة والقدس، اتخذ في الأولى اسم (بيت الله)، واتخذ في الثانية اسم (هيكل سليمان). وقد تقرّر لحماية تلك المراكز، ونشر الدين في كلّ أنحاء العالم من خلالها، ألّا يُسمَح لأتباع الديانات الأخرى أن يقيموا في تلك المناطق. والنتيجة الحتمية لذلك هو إلقاء مسؤولية بناء الدولة على كاهل الأمم التي اختارها الله لنشر ديانة التوحيد، وتكون إدارة تلك الدول في معظم الأحيان بيد الله. وآخر عهد لنا بتلك الدول هي زمن الرسالة المُحَمَّدية، إذ أوحى الله في القرآن لخاتم الرسل مُحَمَّد ﷺ بإقامة مملكة الله على الأرض، وقد شرح القرآن بعض جوانب الدولة الإسلامية شرحاً يستهدف الوصول إلى الشكل المثالي لأنظمة الحكم السياسية بعد تنقيتها من شوائب الماضين، وهي مبنية على خمسة أحكام شرعية هي:

1. المبدأ الأساسي:

يجب على مَن كانوا في موضع السلطة (حُكّاماً أو أعضاء في المجالس التمثيلية) أن يخضعوا للأمور التي قضى الله ورسوله فيها أحكاماً دائمة، لأنهم لا يملكون حق اتخاذ القرار المستقل فيها. ولا يمكن المسلمين سنّ أي قانون يعارض الشريعة القرآنية والسُّنَّة النبوية، وعليهم إطاعة الله والرسول وأولي الأمر من أصحاب القرار السياسي(1).

2. المسؤولية الحقيقية

إنّ مسؤولية الدولة الحقيقية القائمة على مبدأ طاعة الله ورسوله هي

(1) ﴿أَطِيعُواْ ٱللَّهَ وَأَطِيعُواْ ٱلرَّسُولَ وَأُوْلِي ٱلْأَمْرِ مِنكُمْ﴾، سورة النساء، الآية: 59.

تسليم الودائع والأمانات للناس على أساس الاستحقاق، والعمل الدؤوب على تحقيق العدالة في أسمى صورها في مجالات الحياة كافة.

3. الواجبات الدينية

تنهض مؤسسات الدولة بواجبات متعدّدة، وهي إقامة الصلاة، وإيتاء الزكاة، والأمر بالمعروف والنهي عن المنكر. وإليكم الأحكام التي فرضتها السُّنَّة والقرآن لتحقيق الواجبات السابقة:

- يلتزم الحاكم المسلم بالصلاة، ويلتزم بها مَن ينوب عنه أيضاً.
- يلقي الحاكم أو مَن يمثّله خطبة صلاة الجمعة والعيد في أيّ مسجد.
- الزكاة هي الضريبة الوحيدة المفروضة على المسلمين الذين يجب أن يؤدّوا مقدار الزكاة المنصوص عليه سابقاً إلى الجهة الحكومية المختصة لتوزّعها على الفقراء ومستحقّي المساعدة.
- ينصُّ الحكم القرآني على أنّ الحكومة يجب أن تنشئ هيئة خاصة بالأمر بالمعروف والنهي عن المُنكَر.

4. حقوق المسلمين

إذا التزم المواطنون المسلمون بإقامة الصلاة وإيتاء الزكاة، فهم جديرون بالحقوق التي منحتهم الحكومة إياها، وعليهم أن يكونوا بمنزلة الأشقاء، وتستوي منزلتهم في نظر القانون. وتُفرض عليهم، من بين الشروط الإيجابية التي فرضها الإسلام الصلاةُ والزكاةُ، وليس للحكومة أن تقوم بأي عمل يمسّ حريتهم وكرامتهم وأموالهم وحياتهم.

5. نظام الحكم

يقوم الشعب بانتخاب الحاكم وأعضاء المجالس التمثيلية الذين لا يحقّ لهم رفض إرادة الغالبية العظمى من المسلمين أو رفض ما أجمعوا عليه.

رابعاً:

المعاملات الاقتصادية

(التشريع المالي)

أوحى الله تعالى بالشريعة الاقتصادية عن طريق خاتم الأنبياء مُحَمَّد ﷺ بهدف تطهير الاقتصاد وتنقيته من عيوبه، والوصول به إلى الشكل المثالي المنشود. ولِذلك، بُنيت تلك الشريعة على رؤية القرآن الفكرية والتأمليّة للخَلْق التي تنصُّ على أنّ الله خلق العالم كمحكمة واختبار وابتلاء للإنسان، فالجميع قد خُلقوا وهم عاجزون عن إشباع حاجتهم الأساسية مستقلين عن الآخرين، ولذلك نشأ مبدأ التكافل الذي يعني تبادل المنافع وتحديد الأدوار، وتقسيم العمل مراعاة لاختلاف الناس في قدراتهم العقلية وميولهم ومهاراتهم اليدوية، ولاختلاف الوسائل والموارد الطبيعية والبشرية. فالمجتمع متنوع مؤلّف من شرائح وطبقات وفئات تتكامل وتتكافل لتحقيق العيش المشترك؛ وثمّة حكماء ينيرون العالم بعلمهم، وكُتّاب قدموا للناس أعمالاً خالدة، وباحثون تفتّقت عبقريتهم عن أبحاث فريدة، وقادة يحلّون بحسن تدبيرهم وفطنتهم مشاكل المجتمع، ومصلحون أناروا بجهودهم العقول، وحكام يغيِّرون بعزمهم مجرى التاريخ، هذا على مستوى النُّخبة. أمّا على المستوى الشعبي، فثمّة عمّال وفلاحون وحرفيون حوّلوا مصانعهم وحقولهم

وورشاتهم إلى موارد خير تفيض بالغلال، وهناك أيضاً طهاة أمتعوا أذواقنا بأشهى المأكولات، وحرفيون ارتفعت بفضلهم ناطحات السحاب المذهلة، وعمال نظافة يتنفس المجتمع بفضلهم في جوّ صحي...

وهكذا يختبر الله جميع فئات المجتمع ليرى إن كانوا يشكّلون مجتمعاً سليماً ونبيلاً، أو كانوا يسبّبون الفوضى والأذى بحماقاتهم، ولذلك، يُذِلّ هؤلاء المفسدين في الدنيا، ويجعلهم مستحقين للعذاب في الآخرة.

ولإنقاذ الإنسان من هذه المحنة وتلك الشرور، أرشده الله تعالى من خلال أنبيائه، وأنزل هذه الشريعة الاقتصادية لتنقيته وتطهيره. وفيما يلي تلخيص لهذه الشريعة:

1. حماية الملكيّة الخاصة (تحريم اغتصاب المال)

يقع هذا الأمر هنا تحت ما يُطلَق عليه بلغة الفقه أكل الأموال بالباطل، إذ يُحرَّم سلبُ أموال الآخرين وممتلكاتهم باللجوء إلى وسائل غير مشروعة. ويُعَدُّ القمار والربا والأسهم من أشكال هذا السّلب، وتكون الممارسات الاقتصادية الأخرى ممنوعة أو مسموحاً بها على ضوء هذا المبدأ.

2. الأملاك العامة

كل الثروات والأصول التي هي خارج حيازة الأفراد، ولا يمكن أن تكون في حيازتهم، هي ملكية عامة للدولة كي لا تقع بين أيدي الأغنياء وتتكدّس في خزائنهم، وكي تُنفَق لتلبية احتياجات الفئات الاجتماعية التي ليس بمقدورها أن تستقلّ بمواردها عن الآخرين، ويمكن للدولة على هذا النهج أن تفي بالتزامات وواجبات أخرى.

3. التوثيق والشهود (الكتابة بالعدل)

يجب على الأطراف المتعاقدة تحرير وثيقة، والاستعانة بشهادة الشهود

على كتابة العقد[1] في كلّ أمر يتعلق بالصفقات المالية وتحرير الوصايا وطلبات القروض. وصرف النظر عن هذا الأمر قد يؤدّي أحياناً إلى خلافات غير حميدة، وتكون أحكامها على النحو التالي:

أ ـ يجب كتابة وثيقة تتضمن شروط القرض الممنوح إلى أجل مسمَّى (موعد مُحَدّد).

ب ـ يقوم كاتب العدل بكتابة الوثيقة بحضور الطرفين المتعاقدين.

ج ـ تقع مسؤولية كتابة الوثيقة على المقترِض، ويذكر فيها اسم الدائن ومبلغ الدين.

د ـ إذا كان المقترِض ساذجاً أو واهناً، أو ليس في وضع يؤهّله لكتابة الوثيقة، يتولّى هذه المهمة نيابةً عنه وصيُّه أو محاميه، ويجب أن يَكتب بعدل وأمانة.

هـ ـ تُحرَّر الوثيقة بشهادة رجلين مسلمين معروفين على علاقة وثيقة بالطرفين المتعاقدين، وأن يكونا صادقَينِ وموثوقَين، وأن يكون كلٌّ منهما ذا شخصية سويّة سليمة.

و ـ وإذا لم يتوفّر رجلان يحملان هذه الصفات المذكورة ، فيمكن الاستعانة برجل وامرأتين، وذلك لأنَّ المرأة قد تنفعل أو تنسى بسبب أعبائها المنزلية الثقيلة، فتعمد الثانية إلى تذكيرها وتلافي الثغرات، ما يزيل عن العَقد أي شبهة في مصداقيته.

ز ـ إذا استُدعِي الشهود للإدلاء بشهادتهم في المحكمة، أو عندَ الضرورة، وجَبَ عليهم تلبية الاستدعاء، وعدم التخلّف.

(1) ﴿إِذَا تَدَايَنتُم بِدَيْنٍ إِلَىٰٓ أَجَلٍ مُّسَمًّى فَٱكْتُبُوهُ ۚ وَلْيَكْتُب بَّيْنَكُمْ كَاتِبٌۢ بِٱلْعَدْلِ﴾، سورة البقرة، الآية: 282.

ح ـ إنّ القروض والصفقات اليومية السريعة لا تستوجب الكتابة على النحو الذي تستوجبه المعاملات والصفقات الكبيرة.

ط ـ ليس من اللائق أن يعمد أحد المتعاقدين إلى إيذاء كاتب العدل أو الشاهد عند نشوء خلاف.

ي ـ إذا كان المقترِض على سفر، ولم يجد كاتب عدل يحرر وثيقة الدَّين، أمكنه أن يضع في حوزة الدائن كفالةً (رهان مقبوضة) يضمن بها حقّه في ظروف صعبة حتّمت اللجوء إلى الرهن، فإذا زالت الظروف الموجبة للرّهن، أعاده إلى المقترِض لتحرير وثيقة بشهادة الشهود.

ك ـ إذا أحسّ الشخص بدنوّ أجله، وطلب كتابة وصيّة تتصل بثروته، أشهَدَ عليها مسلمَين اثنين صادقَين موثوقَين.

ل ـ إذا دنا أجل الشخص وهو مسافر، ولم يجد شاهدين مسلمَين، أمكنه استدعاء شاهدَين من غير دينه كحلٍّ أخير.

م ـ إذا بدرت عن أحد الشاهدَين المسلمَين بوادر تحيُّز لواحد من الطرفَين المتعاقدَين، وعمد إلى تغيير شهادته، استُبقي كإجراء احتياطي بعد صلاة الجماعة في المسجد، وطُلِبَ إليه أن يحلف بالله أنّه لن يُغيِّر شهادته مقابل أيّ مغنم مادي، حتى لو كان ذلك يصبُّ في مصلحة أقرب الناس إليه. وإن أصرّ على تغيير شهادته، فهو في نظر الله والناس من الآثمين.

ن ـ على الشاهد أن يدرك أنّ شهادته هي شهادة لِلَّه، فإذا أتى بالكذب والبهتان على الناس، فكأنّه كذب على الله.

س ـ إذا تبيَّن أنَّ الشاهدَين قد أظهرا تحيُّزاً ضدّ أحد الورثة، أو مسَّا حقوقه بما يتناقض مع نصّ وصية الموصي، يقفُ اثنان من الذين تعرّضوا للظلم ويقسمان أنَّهما أصدقُ من الشاهدَين، وأنهما لم يرتكبا أيَّ تجاوز بهذا الصّدد، وإن فعلا ذلك كانا من الظالمين في رأي الله.

ع ـ ومن المُرجَّح بعد هذا التشديد في مساءلة الشهود ألّا يقوموا بتزوير شهادات بعد الآن خوفاً من رفض الآخرين أَيْمانَهم في معرِض دفاعهم عن أنفسهم إذا وقعوا ضحية لظلم الآخرين.

4. توزيع الميراث

توزّع ثروة المسلم على ورثته بعد وفاته كما يلي:

تُدفع ديون الميت إلى الدائنين من ميراثه قبل أي خطوة أخرى، ثم بعد ذلك يُدفع الميراث الواقع بوصيّة، ثم يُوّزع الميراث المتبقي على الورثة على النحو المعروف.

لقد فرض الله بعدم الوصية لصالح أيٍّ من الورثة (لا وصية لوارث) إلّا إذا كانت ظروف الوارث واحتياجاته وخدماته تستدعي الوصية له.

والأولاد هم ورثة التركة المتبقية بعد توزيع حصص الأبوين والزوجين. فإذا لم يترك الميت من نسله ذكوراً، وكانت له ابنتان أو أكثر، فلهنّ ثلثا التركة. وإذا كان له ابنة واحدة، فحصَّتُها هي النصف. وإذا كان نسل الميت كلّه ذكوراً وُزِّع الميراث كلّه بينهم، وإذا كان نسلُه ذكوراً وإناثاً، فإنّ حصة الذّكر الواحد تساوي حصة أنثيين(1)، ويوزَّع الميراث كلّه في هذه الحالة بينهم جميعاً.

إذا لم يكن للميت أولاد، وُزِّع الميراث بين أشقائه وشقيقاته، وذلك بعد إعطاء الأبوين والزوجة أو الزوج إذا كان موجوداً، ما يستحقون من حصصهم، ونسبة الحصص وطريقة توزيعها مطابقة لنسبة توزيع حصص الأولاد التي وضّحناها سابقاً.

إذا كان للمتوفّى أولاد أو لم يكن كذلك، وله أشقاء وشقيقات، فلكلّ

(1) ﴿لِلذَّكَرِ مِثْلُ حَظِّ ٱلْأُنثَيَيْنِ﴾، سورة النساء، الآية: 11.

واحد من الأبوين السُّدس، وإذا لم يكن له أشقاء وشقيقات، والأبوان هما الوارثان الوحيدان، فللأم الثلث، وللأب الثلثان.

إذا كان المتوفّى رجلاً عنده أولاد، فلزوجته الثُّمن. وإذا لم يكن عنده أولاد، فلزوجته الرُّبع. وإذا كان المتوفّى امرأة وليس عندها أولاد، فلزوجها النصف، أمّا إذا كان عندها أولاد، فلزوجها الرُّبع.

عندما لا يكون للميت أيّ وريث مما ذكرناه للتوّ، يمكنه أن يحدّد أيّاً شاءَ وريثاً له، فإن كان هذا الوريث قريباً وله أخ أو أخت واحدة، فلهما السدس، ويحصل هو على خمسة الأسداس المتبقية، وإذا كان عنده أكثر من أخ أو أخت، فلهما الثلث، وله الثلثان المتبقيّان.

إنّ الأساس الذي بُنِيَت عليه طريقة توزيع الميراث هو «منفعة القُربى»، فالسبب في اختلاف حصص الورثة مرتبط بدرجة المنفعة التي يحقّقها كلٌّ منهم للميت. وبما أن نفع البنت ينتقل بعد الزواج إلى زوجها، وتوفِّر له شروط العِشرة الزوجية، بينما يقع على الزوج عبء النفقة الأكبر، إضافة إلى توفير حسن المعاشرة لشريكته، اقتضى ذلك أن يكون حظّ الذَّكَر من الميراث مثل حظّ الأنثيين وفق التعبير القرآني الشهير.

خامساً:

شريعة الدعوة

إنَّ أحدَ متطلبات الدّين الأساسية المهمة هو مثابرة أتباعه على حثّ الناس من غير المؤمنين به على تبنّيه واعتناقه. وقد استُعمل للدلالة على المعنى السابق مصطلحان هما (الدعوة) و(التبليغ). ونتبيّن عند دراسة شريعة الدعوة المذكورة في القرآن أنّ عبء هذا الأمر العظيم يقع على عاتق المؤمنين الذين تتفاوت واجباتهم ومهماتهم بتفاوت قدراتهم وظروفهم.

ويمكن تصنيف تفريعات شريعة الدعوة على النهج الآتي لتحقيق فهم أكبر لها:

1. الواجب الدعوي للرسول مُحَمَّد ﷺ

لقد أرسل الله أنبياءه جميعاً لدعوة الناس إلى توحيده، وليكون كلُّ واحدٍ منهم نذيراً وبشيراً، نذيراً للكافرين بسوء العاقبة، وبشيراً للمؤمنين بحسن المآل؛ ومعرفة هذين الأمرين تغني عن شرحهما. وكان الإنذار الذي حمله الأنبياء الذين رقّاهم الله إلى مرتبة الرسل قد اكتمل فيما يُسمَّى في الاصطلاح القرآني بـ (الشهادة) التي تعني هنا دعوة الناس إلى الحقِّ بأسلوب لا يترك لأحدٍ فرصة أن يلفّق عذراً يبرّر به انحرافه عن الصراط المستقيم. والطريقة

التي تأسّست عليها هذه الشهادة أنّ الله يختار هؤلاء الرّسل، فيثيبُ الناس أو يعاقبهم في الدنيا من خلال الأنبياء قبل وقوع يوم الحساب الأكبر في الآخرة. ويُنبه الناس عن طريق الرسل أنّهم إذا التزموا بميثاق الله وعهده فسيُثابون، وإذا نكثوا به فسيُعاقبون في الدنيا، فيصبح الرسل نتيجةً لذلك آياتٍ إلهية، وكأنّ الناس يرون الله يمشي بصحبة الرسل الذين ينفذّون أحكامه. والرّسل إضافة إلى ما سلف مأمورون بإبلاغ الحقِّ الذي كانوا قد أدركوه ببصيرتهم، وبإيصال هدى الله بكلّ أمانة ودقّة.

وهكذا نرى أنّ الشهادة تتطابق في مدلولها الاصطلاحي مع المراحل المختلفة التي مرّت بها دعوة الرسول ابتداءً من (الإنذار)[1]، إلى (الإنذار العام)، إلى (إتمام الحُجّة)، إلى (الهجرة)، إلى (البراءة) كمرحلة أخيرة، وهي الأساس الذي بُنِيَ عليه مبدأ الحساب الإلهي في الدنيا والآخرة. ولذلك، يَنصر الله هؤلاء الرّسل، ويعاقب الجاحدين بدعواتهم في هذا العالم أيضاً.

2. واجب مِلّة إبراهيم عليه السلام في نشر الدعوة

إنّ مضمون هذه الدعوة هي الشهادة ذاتُها المذكورة آنفاً، وقد ذكر القرآن أن الله تعالى يختار شخصيات عظيمة من ذريّة آدم من أجل (الشهادة)، واختار ذريّة إبراهيم بالطريقة ذاتها لتولي مسؤولية الشهادة بالأسلوب الذي يحفّز على بذل الجهود من أجل تلبية متطلبات هذا الموقع.

وبالنظر إلى هذه المكانة لنسل إبراهيم عليه السلام، فإنهم إذا تمسكوا بالحقّ عموماً، واستمروا في تقديمه إلى شعوب أخرى في هذا العالم بيقين تام مع الحفاظ على السلامة الكاملة لمحتوياته، فإنّ الله تعالى سيمنحهم الهيمنة

(1) يُوجَّه الإنـذار في المرحلة الأولى من الدعوة إلى المحيط الاجتماعي القريب: ﴿وَأَنذِرْ عَشِيرَتَكَ ٱلْأَقْرَبِينَ﴾، سورة الشعراء، الآية: 214. (المترجم).

على مخاطَبيهم الذين يرفضونهم. ومن ناحية أخرى، إذا لم يلتزم نسل إبراهيم بالدعوة إلى هذا الحقّ، فإنّ الله تعالى سيُنزِل بهم عقوبة الإذلال والقهر.

3. واجب العلماء الدّعوي

انتقل واجب الإنذار بعد النبي مُحَمَّد ﷺ إلى علماء الأمة الإسلامية. وقد أمر الله أن يُوَطِّن بعض الناس من كلّ فئة اجتماعية أنفسهم على اكتساب معرفة راسخة بالدين تهدف إلى إنقاذ من يحيط بهم من عذاب الآخرة بواسطة الإنذار والتحذير.

ووضّح القرآن بهذا الصّدد بعض الجوانب التي لا بدّ أن تبقى في الحُسبان:

- أوّلها أنه يجب أن يكون لدى العلماء ما يكفي من الإيمان بالحقّ، لينظروا إليه على أنّه صوت القلب ونداء الروح وهم يطوفون الأصقاع مبشرين به حتى يدرك الناس صدق ما دعوا إليه، بعد أن يروا منهم ذلك الخضوع التام لإرادة الله الذي خوَّلهم دخول ذلك الميدان وفق أسلوبٍ ينمُّ عن قناعة تامة صادرة من القلب والروح.
- وثانيها هو عدم التناقض بين ما يؤمنون به من ناحية، وما يفعلونه على أرض الواقع من ناحية أخرى. وأيّاً كان الفكر الذي يبشرون به، أو الحقَّ الذي يُبلِّغونه، فإنَّ عليهم أولاً أن يبدؤوا بأنفسهم.
- وثالثها عدم التهاون والتراخي في الحقّ، وتفادي أيّ حلّ وسط أو تسوية تُفضي إلى التخلي عنه أو عن أي جزء منه مهما كان ضئيلاً. ولا بدَّ أن تتجدد شهادة اللسان بشهادة القلب في شخصية الداعي بحيث لا تأخذه في الحقِّ لومةُ لائم.
- ورابعها وجوب الركون إلى القرآن بوصفه وسيلة الإنذار. لقد أمر القرآن

النبي مُحَمَّداً أن يُنذِر الناس، ولذلك سمّي (النذير)، ودور علماء الدين عمليّاً هو تبليغ الناس بهذا الإنذار.

4. واجب الحكّام الدعوي

إذا حقّق المسلمون الاستقلال السياسي فوق أيِّ بقعة من الأرض، فمِن مسؤولياتهم أن ينتدبوا من بينِهم مَنْ يكون قادراً على دعوة الناس إلى صالح الأعمال، والأمر بالمعروف والنهي عن المنكر، وهو واجب مفروض على الحكام بعد تأسيس الدولة وتشكيل الحكومة، إذ عليهم بالإضافة إلى الأعباء السياسية عبْءُ القيام بواجبهم الدعوي أيضاً.

5. واجب الأفراد الدّعوي

وواجب الأفراد المتعلق بالدعوة هو أن يحثّ بعضهم بعضاً على العمل الصالح، وأن يَنْهى بعضهم بعضاً عن الفواحش ضمن محيطه الاجتماعي المباشر وحدود نفوذه (تأثيره). فالشخص مطالَب أن يؤدِّيَ هذا الواجب في أسرته وأقربائه وأصدقائه. ولا يمكن ضمن حدود هذا الصِّنف من التبشير أن نميز بين المرسِل والمستقبِل اللذين يتبادلان الأدوار بكلّ سهولة، فهذه المسؤولية يحملها الأب تجاه ابنه، والزوج تجاه زوجته، والأخ تجاه أخته، والصديق تجاه صديقه، والجار تجاه جاره... وهلمّ جرّا. ثم تنقلب الأدوار، فيصبح الطرف الثاني مسؤولاً نحو الأول. وباختصار، يجب أن يتحمل الإنسان هذه المسؤولية تجاه من تربطه به علاقة مباشرة، وحين يرى واحداً من هؤلاء قد اتخذ موقفاً مناقضاً للحقّ نصحه بتقويم سلوكه وإصلاح حاله بما يتفق مع حدود علمه وقدراته.

6. خطة الدعوة

تشمل خطة الدعوة كلّ أنواعها، وكان القرآن قد أقرّها مبدأً تنطلق منه وفق الشروط والضوابط التالية:

- أولها: إنّ أسلوب الدعوة لا بدّ أن يعتمد على الحكمة والموعظة الحسنة والمجادلة بالتي هي أحسن وفق الاصطلاحات المعهودة، ويُقصَد بالحكمة تقديم الحُجّة المستمدّة من منثور القول ومنظومه، ويُقصَد بالموعظة والمجادلة الحسنة تقديم النصح بأسلوبٍ لطيف بعيد عن الفظاظة والغِلظة. والمعنى الذي يقتضيه القول السابق هو عرض المواعظ والنصائح مدعومةً بالحُجّة والبرهان على ضوء العلم والعقل، والابتعاد عن العدوانية والعبوس والتولّي قدر ما يستطيع الداعي الذي يجب أن تكون لهجة كلامه ونبرة صوته مفعمة بالرقة والرّحمة، وأن يكون أسلوبه لائقاً. وإذا لجّ خصمه المعاند في العدوانية والمكابرة ظلّ مهذباً ولطيفاً في خطابه.

- وثانيها هو اقتصار مسؤولية الداعي على الدعوة فقط لا يعدوها إلى غيرها: يقوم بتبليغ الحقّ وشرحه فقط، ولا يُظِهر أيَّ تكاسل (تهاون) في الحثّ عليه والوعظ به. وإذا نهض بهذا العبْء بأسلوب لائق وفى بالتزامه خير وفاء. وعليه أن يُدرك أن الله يهدي من يشاء ويضلّ من يشاء، وهو عليم بمن ضلّ، وبمن اهتدى، مما يحتّم عليه أن يتعامل مع كلّ شخص بالأسلوب الذي يناسبه، فلا يحاول فرض الحقّ فرضاً، ولا يملي أحكاماً مسبقة تتعلق بالمصير الذي سيواجهه في الآخرة، لأنّ تكفير الآخرين أو العكس متروك للّه فقط.

- وثالثها أنّه إذا بادر أحد المخاطَبين بالدعوة إلى الاعتداء على الداعي وإيذائه، فللثاني الحقُّ في الردّ بالمثل ضمن الحدود الأخلاقية. ومن الخير على أية حال أن يتحمّل الأذى، ويزداد ثباتاً ومواظبة على عمله

إلى الدرجة التي لا يُغيِّر فيها موقفه مهما كانت المصاعب التي تقف في وجهه، لأنه يعلم أنّ صبره سيُقابل بأعظم الجزاء: جزاء الدنيا، وجزاء الآخرة.

سادساً:

شريعة الجهاد

(التشريع الدولي)

لا ريب في أنّ السلام والحرية مطلبان أساسيان لكلّ مجتمع. وبينما تساعد الإجراءات العقابية على حماية المجتمع من شرور الأفراد وتجاوزاتهم، فإنّ اللجوء إلى الحلول العسكرية يصبح ضرورياً في بعض الأحيان لكبح جِماح الشرور التي ترتكبها البلدان والأمم. ولا يرغب أحد في استخدام القوة لحلّ الخلافات ما دامت الدبلوماسية والتفاوض قادرَين على أداء هذا الغرض. ولكن إذا صدر من إحدى الأمم أو الدول تهديد للسلم العالمي، وانتهاك لحرية الشعوب، وتجاوز غرورُها وصَلَفها كلَّ الحدود، ولم يعد بالإمكان إعادتها إلى جادة الصواب عبر التشاور والنُّصح، فإنّه يصبح من حقّ المجتمع الدولي أن يستعين بالقوة لإيقاف نشاطاتها الهدّامة حتى يُستعاد السلم والحرية. ويؤكد القرآن أنه لو لم يُسمح باستخدام القوة في مثل هذه الحالات، لكانت الفوضى التي أحدثتها الأمم المارقة سبباً في هجر دور العبادة التي يُذكَر فيها اسم الله آناء الليل وأطراف النهار، ناهيك عن زعزعة استقرار المجتمع نفسه.

وقد أخذ (الجهاد)[1] على عاتقه كما ورد في الشريعة الإسلامية تنفيذ هذه المهمة، إذ ينبغي ألّا يهدف الجهاد إلى إرضاء نزوة، أو حيازة ثروة، أو تهدئة عاطفة أو محاباة، أو عداء، وألّا يستجيب إلى دوافع نرجسية، وإشباع غرور الأنا، لأنّ ذلك الجهاد هو جهاد الله يتولّى تنفيذه عبادُه بأمرٍ منه ووفق توجيهاته، وهم أنفسهم مجرّد أدوات ووكلاء لمشيئة الخالق، وليس لهم هدف خاصٌّ بهم، بل عليهم فقط إنجاز المهمات التي أوكلها الله إليهم. ولذلك لا يمكنهم أن يحيدوا إطلاقاً عن هذه الوظيفة. والمزيد من التفاصيل ترد في الفقرات التالية:

1. حكم الجهاد

أمر الله المسلمين باستخدام القوة بوصفهم أمةً واحدةً، لا بوصفهم أفراداً متفرِّقين هنا وهناك. والآيات التي تتحدث عن العقوبات بأنواعها المختلفة تخاطب المسلمين بهذه الصفة الجماعية لا بوصفهم أفراداً، وقرار الحرب ليس بيد أحد، بل هو بيد الأمة الإسلامية كلّها. ولا يحقّ لأي شخص أو جماعة منهم اتخاذ خطوة فردية في هذا الصدد نيابة عن المسلمين.

2. هدف الجهاد

أمر القرآن بالجهاد أصلاً لاجتثاث الاضطهاد الذي يجبر المسلم على التخلي عن دينه (الفتنة)[2]. ويندرج تحت نطاق الاضطهاد كلُّ أشكال

---

(1) (الجهاد لغةً هو استفراغ ما في الوسع والجهد والطاقة، وقد ورد هذا التعبير في القرآن للجهاد العام في سبيل الله ﴿وَجَٰهِدُواْ فِي ٱللَّهِ حَقَّ جِهَادِهِۦۚ هُوَ ٱجْتَبَىٰكُمْ﴾، سورة الحجّ، الآية: 78. واصطلاحاً: هو الحرب والقتال في سبيل الله. والمعنى الثاني هو المقصود في هذا الكتاب.

(2) ﴿إِنَّ ٱلَّذِينَ فَتَنُواْ ٱلْمُؤْمِنِينَ وَٱلْمُؤْمِنَٰتِ ثُمَّ لَمْ يَتُوبُواْ فَلَهُمْ عَذَابُ جَهَنَّمَ وَلَهُمْ عَذَابُ ٱلْحَرِيقِ﴾ سورة البروج، الآية: 10.

العدوان على الحياة والمال وحرية الرأي والتعبير بدرجات متفاوتة، ولذا يمكن أن يهدف الجهاد إلى إزالة العدوان والظلم مهما اختلفت أنواعه.

3. متى يكون الجهاد إلزامياً (فرض عين)؟

لا يصبح الجهاد مُلزِماً لكلّ مسلم ما لم تصل قوة المسلمين العسكرية الحدَّ المعيّن الذي يمكن أن يضاهي قوة الأمم الأخرى المعادية لهم. وهكذا فمن الضروري للمسلمين أن يُصلِحوا أنفسهم ويقوّموا أخلاقهم لتحقيق غاية الجهاد، وأن يبنوا ـ إضافة إلى ما سبق ـ قوة عسكرية كانت في زمن النبي مُحَمَّد ﷺ تصل إلى نسبة (واحد إلى اثنين) من قوة الأعداء، مع الأخذ في الاعتبار الظروف التي أحاطت بذلك.

4. المشاركة في الجهاد

التخلي عن الجهاد إثم يرتكبه المسلم عندما لا يلبّي نداء الحرب في حال قيام الأمة الإسلامية بالتعبئة العامة التي تفرض على كلِّ مسلم مقتدر المشاركة فيها. والإسلام يُؤَثِّم كلَّ من تخلّف عن الجهاد، وينظر إليه نظرته إلى المنافقين. وإذا زالت الظروف التي أوجبت أن يكون الجهاد فرض عين، أصبح فرض كفايةٍ يقوم به مَنَ كان طامعاً بالأجر والثواب، وإن تخلف عنه لا يُعتبر آثماً.

5. الفرار من المعركة

إنّ الفرار من الجهاد خوفاً وجبناً محرّمٌ تحريماً تامّاً. ولذا وجب على المؤمن ألّا يُظهِرَ أيَّ خَوَرٍ أو وهَن لأنَّه يدلّ على فقدان الثقة بالله، وعلى إيثار الدنيا على الآخرة، ويجعل شؤون الحياة والموت في شكل تبدو معه وكأنّها تدبير بشري، وهو ما يتنافى وصدق الإيمان الذي يرى بأن كلَّ شيء هو من صنع الله.

6. الحدود الأخلاقية

لا يصحّ الجهاد في سبيل الله إذا لم يكن مشفوعاً بقيم أخلاقية يتمسك بها المؤمن في كلِّ الظروف التي يمرّ بها. ولذا نهى الله عن انتهاك الأعراف والمبادئ الخلقية التي يمكن أن تقع في ظروف الحرب القاسية. وأهمُّ ما وجّه الله إليه في هذا السياق هو الوفاء بالعهود والمواثيق، لأنّ الحنث بها هو إثم عظيم، وحتّى إذا كان ثمة اتفاقية أو معاهدة بين الدولة الإسلامية وبين أمة أخرى تضطهد المسلمين من مواطنيها وتفتنهم عن دينهم، فلا يحقُّ للدولة الإسلامية أن تُمِدَّهم بالعون إذا أدّى ذلك إلى خرق بنود تلك المعاهدة. ومَنْ أراد على نحو مماثل أن يتّخذ من الحرب موقفاً حياديّاً أمكنه ذلك، وليس لأحدٍ أن يضايقه ويزعجه.

ويجب على الجيش المتّجه إلى أرض المعركة تجنّب استعراض مظاهر الأبّهة والغرور حرباً أو سلماً، ويجب أن يكون التواضع للّه علامتهم الفارقة.

7. المدد الإلهي

ينطلق المسلمون إلى الحرب وهم متّكلون على الله، واضعين ثقتهم التامّة في نصرته إياهم. وقد أوضح القرآن أن المثابرة الدؤوبة (الصبر) والعزم هي التي تؤهِّل الناس لاستحقاق العون الإلهي (النصرة)، وما من جماعة مسلمة جديرة به إلّا إذا حملت الصفات السابقة.

8. أسرى الحرب

يمكن إطلاق سراح أسرى الحرب مقابل فِدية، ويحثُّ القرآن على عدم قتلهم أو استعبادهم مهما حدث.

9. غنائم الحرب

تدَّخِر خزينة الدولة الإسلامية (بيت المال) غنائم الحرب لتُوزّع على الاحتياجات العامة، ولم ينصّ القرآن على إعطاء المجاهدين أيّ حصة منها أبداً، ما يعني أنّ أجهزة الدولة تملك حرية التصرف بتلك الغنائم حسب ما تقتضيه الظروف.

سابعاً:

التشريع الجزائي

إنّ الحرية من أكبر النعم التي أسبغها الله على عباده، وهي قيمة ذات وجهين: إيجابي وسلبي، فإذا استُخدِمت استخداماً صحيحاً، كانت مصدر شرف ونعمة. وإذا استُخدمت استخداماً خاطئاً كانت مصدر عارٍ ونقمة، وعادت على المجتمع بالشرور والفوضى. وإذا عدنا إلى أزمنة تاريخية ممعِنة في القِدم، وجدنا أنّ الجريمة الأولى التي اقترفتها يد الإنسان تمثّلت في قتل قابيل أخاه هابيل؛ ومن هنا نشأت الحاجة إلى حماية الإنسان من شرّ الإنسان، فابتدع العقل البشري بوحي إلهي أسلوب العقاب الذي يسعى إلى غايتين: أولاهما القِصاص من القاتل قصاصاً عادلاً (الجزاء الوفاق)، وثانيهما ردع الآخرين عن اقتراف إثم مماثل، ممّا يكفل حرمة النفس ويمنع ارتكاب جرائم جديدة ﴿وَلَكُمْ فِي ٱلْقِصَاصِ حَيَوٰةٌ﴾[1]. ويجب أن نعلم أن بعض المجرمين يمكنهم أن يفلتوا من عقاب الدنيا، ولكنّهم لن يفلتوا أبداً من عقاب الآخرة. ويشرح الشيخ أمين أحسن إصلاحي كلّ هذه الأمور بالتفصيل، فيذكر أنّ الجرائم التي تعاقب عليها الشريعة هي:

1 ـ المحاربة والإفساد في الأرض.

(1) سورة البقرة، الآية: 179.

2 ـ القتل والإيذاء.

3 ـ الزنا.

4 ـ القذف.

5 ـ السرقة.

كانت تلك هي الجرائم التي نصَّ الشرع على عقوباتها تحديداً وسمّاها (الحدود). أمّا الجرائم الأخرى الأقلّ منها، فقد تُرِك تقديرها إلى السلطة القضائية باستثناء واحد هو عقوبة الإعدام؛ فوفقاً للقرآن، لا يمكن أن تصدر هذه العقوبة إلّا بحقّ شخص قتل شخصاً، أو لشخص مذنب بنشر الفساد والفوضى في المجتمع. وتسمّى عقوبة هذا النوع من الجرائم (التعزير).

ينفّذ حكم القتل ـ وفق الشريعة القرآنية ـ بحقّ مَن قتل شخصاً آخر، أو بحقِّ من أفشى الفساد في المجتمع، وهو حكم مُبرَم غير قابل للطعن باللغة القانونية المعاصرة. ومن الواضح أنّ الأحكام المتعلقة بهذه الحدود والتعزيرات والعقوبات لا تخاطب المسلمين بوصفهم أفراداً، بل تخاطبهم بوصفهم أمة واحدة. وبتعبير آخر، فإن أجهزة السلطة وحدها هي المِخوَّلة بتنفيذ هذه العقوبات. وسنفصّل شرح العقوبات في الفقرة الآتية:

1. المحاربة والإفساد في الأرض

إنّ عصيان الناس في زمن النبي أمراً من أوامره، وتمرّدهم على دولته، يُعدُّ خروجاً على طاعة الله ورسوله، وسُمّي ذلك (بالمحاربة). وعلى المنوال ذاته، فإنّ مصطلح (الفساد في الأرض) يعني عصيان فرد أو مجموعة أفراد لقوانين الشريعة الإسلامية (تقويض سلطة القانون) عن طريق الاعتداء على النفس والمال والعِرْض والعقل والدين[1]. وبالنتيجة، عندما يتحول القتل

(1) مقاصد الشريعة الإسلامية هي حفظ الدين والنفس والعقل والنسل والمال (المترجم).

إلى إرهاب، والزِّنا إلى اغتصاب، والسرقة إلى سطو وقطع طرقات، وعندما يكرِّس الإنسان نفسه للدعارة، وينغمس في الفِسق والفجور، أو يختلق قوانين وأنظمة هدّامة، ويُرهِب الناس، وينخرط في كلّ أنواع الخطف... وتتحول كلّ هذه الممارسات الشنيعة إلى مصدر تهديد للناس الشرفاء وللمجتمع نفسه، فإنّ كلَّ ما سبق ذكره ينضوي تحت مسمّى واحد هو (الفساد في الأرض)، وعقوبته كما يلي:

1 ـ القتل.

2 ـ الصَّلب.

3 ـ تقطيع الأرجل والأيدي من خلاف.

4 ـ النفي.

وقد ذكرت الشريعة بعض الشروط المتعلّقة بهذه العقوبات والتي تشكل حدوداً وقيوداً لها:

أولها أن القرآن قد منح الحكومة الإسلامية سلطة مرنة لتنفيذ هذه العقوبات مع مراعاة طبيعة الجريمة وحجمها وظروفها وعواقبها. وتأتي عقوبة النفي الأخفّ نسبياً مقارنةً بالعقوبتين السابقتين بوصفها طريقة تحذيرية رادعة بحيث يمكن منح الرأفة للمجرم إذا كان يستحقها.

وثانيها إذا ارتكب الجريمةَ مجموعة من المجرمين، نزلت العقوبة عليهم جميعاً.

إذا ارتكبت عصابة جرائم قتل أو سطو أو زنا أو تخريب أو ترهيب ونحوها، فلا داعي للتحقّق ممّن ارتكب هذه الجرائم وتحديد هويته، لأن العصابة كلّها تتحمّل وزر أفعالها، وستُعامَل على هذا الأساس.

وثالثها ألّا تأخذ القانونَ بالمجرمين شفقةٌ أثناء إنزال العقوبة بهم، فقد صبّ الله عليهم نقمته، وكتب عليهم الذلّ كي تكتمل عملية الرّدع والاعتبار.

ورابعها إذا سلّم المجرم نفسه للسلطات المختصة يُخَفَّض توصيف الجريمة وتصنيفها من جريمة فساد في الأرض إلى جريمة عادية.

2. القتل والإيذاء

فرض الله على الدولة الإسلامية تطبيق القِصاص الذي يضمن للمجتمع الاستمرار والبقاء، لأنّه قانون إلهي لا ينتهكه إلّا مَن ظلم نفسه. وتتولّى الأجهزة الحكومية المختصّة مسؤولية البحث عن المجرم واعتقاله، وإنزال القِصاص به وفقاً للقانون الذي يسري في نطاق حدود دولتها.

ينبغي تحقيق مبدأ المساواة عند إنزال القصاص بالقاتل، فإذا قتل وضيعٌ شريفاً أو العكس، أو إذا قتل غنيٌّ فقيراً أو العكس، فإنّ القِصاص واحد لا يحابي الفروق العرقية والطبقية بين الجاني والمجني عليه.

وإذا لم يطالب وَرَثة القتيل أو الجريح بتطبيق القِصاص وفق مبدأ العين بالعين والسنّ بالسنّ، وأظهروا شيئاً من الرّفق بالجاني، وجب على القاضي منحه عقوبة مُخفَّفَة، واضعاً في اعتباره نوع الجريمة وحجمها وظروفها، وهذا كلُّه فضلٌ من الله، فقد تكون شفقة ولي القتيل على القاتل سبباً في التكفير عن ذنوبه، ويُمنَح ولي القتيل أو الجريح في هذه الحالة الديّة التي أمر الله بدفعها عن طيب خاطر وفقاً لأعراف المجتمع.

إذا ارتكب شخص ما جريمة قتل من غير قصد، وكان القتيل مسلماً مواطناً في دولة مسلمة أو دولة غير إسلامية معاهِدة، فمن الضروري أن يدفع الجاني ديّة المجني عليه إذا امتنع ولي القتيل عن مسامحته، وفقاً لأعراف المجتمع، وأن يتوب إلى الله للتكفير عن ذنبه، وأن يعتق رقبةً مسلمة، أمّا إذا كان القتيل مسلماً ينتمي إلى دولة معادية، فليس على المجرم في هذه الحالة أن يدفع الديّة، بل يكتفي فقط بتحرير رقبة مسلمة للتكفير عن ذنبه، وإن لم يكن ثمّة عبد، فصيام شهرين.

3. الزّنا

إذا أثبتت المحكمة ارتكاب واقعة الزّنا، يُجلَد الزاني والزانية مئة جلدة أمام جمع من الناس بشكل علني بغرض إذلالهما أمام الناس، وجعلهما موضع عبرة للآخرين. ويحثّ القرآن حكومة المسلمين والمحكمة المختصة بهذا الأمر على الشدّة والقسوة في تطبيق هذا الحد. وبعد تنفيذ هذه العقوبة يُحرّم على كلّ رجل عفيف وامرأة عفيفة الزواج ممّن ارتكب فاحشة الزّنا، فقد حرّم الله مثل هذه الحالات من الزواج. ويُطبّق هذا الحدّ في شكله المُطلَق عند اكتمال شروطه، ولا يستحق المجرم أيّ تساهل مهما كانت الظروف. ويُستثنى من هذه العقوبة من كان غير قادر على تحمّلها، وأجبرته الظروف على الزنا، وكان محروماً من البيئة والحماية اللازمة للامتناع عن ارتكاب هذه الجريمة.

4. القذف

للقذف شكلان: أولهما هو اتهام رجل عفيف أو امرأة عفيفة بالزّنا، وثانيهما تبادل الزوج والزوجة تهمة ارتكاب واقعة الزّنا، وتنصّ الشريعة الإسلامية في الحالة الأولى على إثبات الواقعة بأربعة شهود عاينوا تفاصيلها ورأوا أحداثها رؤية المِرود وهو يدخل في المُكْحُلة، وإلّا فهو مُدان بالقذف، ويُعاقَب بثمانين جلدةً، ولا تُقبَل شهادته في المستقبل. ويرى القرآن أنّ هؤلاء المجرمين آثمون عند الله إذا لم يتولّوا ويُصلِحوا أنفسهم.

أمّا في الحالة الثانية، فعلى الزوج إن لم يجد شهوداً أن يُقسِم أربع مراتٍ على أنّه صادق، ويقسم في المرة الخامسة قائلاً: لعنة الله عليّ إن كنت كاذباً. وإذا لم تدافع الزوجة عن نفسها بأيّة طريقة، تُنزَل بها عقوبة الزّنا، أما إذا دحضَت الادّعاءات، فتُبرَّأ من العقوبة بعد أن تُقسِم بالله أربع مرات على كذب خصمها، وتقول في المرة الخامسة: لِيحلّ غضب الله عليّ إذا

كان يقول الحقيقة. ويُتّخذ الإجراءُ ذاتُه إذا وجهّت الزوجة التهمة ذاتَها إلى زوجها.

5. السّرقة

شُرِّعَت عقوبة قطع يدي السارق والسارقة من المعصم (الرّسغ)، إذ تقوم السلطة المختصّة بعد إثبات الجريمة بقطع يد السارق ويد السارقة من المكان الذي ذكرناه قبل قليل دون شفقة أو تساهل وفق شكل الجريمة وظروف ارتكابها.

ثامناً:

آداب الطعام والشراب

إن هدف الدين الإسلامي هو تطهير النفس البشرية تطهيراً داخلياً يشمل الأفكار والمشاعر والعواطف، وتطهيراً خارجياً يتصل بالجسد ومتطلبّاته من طعام وشراب. والإنسان في هذه المسألة يحتكم إلى فطرته التي تُرشده تلقائياً إلى الطعام النظيف المستساغ من جهة، وعدم استساغة تناول لحوم السّباع والنمور والفيَلة والنسور والغربان والصقور والأفاعي والعقارب، ولحم البشر من جهة أخرى. وقد اعتاد الإنسان أن يستخدم الحمير والبغال والأحصنة كوسائط نقل، وتوطّنت نفسه على الإحساس بالشفقة نحوها، فلم تنازعه إلى ذبحها وأكلها. ويعي أيضاً قذارة براز الحيوانات ونجاسة بولها، وأرشده عقله أيضاً إلى قذارة المسكرات.

وهكذا، ركنت الشريعة الإسلامية إلى الفطرة البشرية كمنطلق طبيعي لهداية الإنسان، إذ تقود الفطرة الإنسانية صاحبها إلى تبنّي الصواب في معظم الأحيان، لكنّها قد تخون نفسها وتنحرف وتميل إلى ما ينافي جوهرها أحياناً. ولذلك تدخلت الشريعة هنا، ووضعت إرشاداتٍ وتعليمات، وسنّت أحكاماً تساعد الإنسان على تلافي أخطائه وغفلته. وقد يطرح المرء على نفسه الأسئلة التالية: لماذا حُرِّم لحم الخنزير وهو حيوان ذو أربعة أرجل، وينتمي إلى

الجنس نفسه الذي تنتمي إليه الأغنام والأبقار التي أحلّ الله ذبحها وأكلها؟ ولماذا حُرّم أيضاً أكل لحم الحيوان الذي لم يَسِلْ دمه عند ذبحه؟ وهل دم الحيوان نجسٌ كبوله وبرازه؟ وهل تُؤكل الحيوانات التي ذُبحت بغير ذكر اسم الله؟

ولمّا كان الإنسان غير قادر على الإجابة عن تلك الأسئلة إجابةً حاسمة، أتت الشريعة التي أوحى الله بها إلى أنبيائه لتقدم الإجابات الشافية على تلك الأسئلة المحيِّرة. وهكذا عرف الإنسان أنّ لحم الخنزير والدم والميتة، وما يُذبَح بذكر غير اسم الله، تعتبر نجسة وغير نظيفة، ويُحرَّم على الناس أكلها.

ونقدّم فيما يلي الأوجه المتعدّدة لهذا الحكم كما ورد في القرآن:

1 ـ يُحرَّم أكل لحم الحيوان الذي مات موتاً طبيعياً، ولحم الحيوان الذي مات في حادث مفاجئ، ولحم الحيوان الذي اصطاد حيواناً آخر إلّا إذا ظلّ حيّاً ثم ذُبِح وسُمِّي عليه.

2 ـ إذا مزّق حيوان مدرَّب على الصيد الفريسة، وماتت قبل ذبحها بالطريقة الشرعية، أمكن تناول لحمها، لأنّ التمزيق يكافئ التّذكية بشرط أن يحافِظ الحيوان الصيّاد على الفريسة لسيّده ولا يأكل منها.

3 ـ يُحرَّم ما يُذبَح أمام الأضرحة والنّصب والأصنام، ويُحرَّم ما ذُبح دون ذكر اسم الله عليه، أو إذا ذُكِر بطريقة غير صحيحة، ويُحرَّم أيضاً الحيوان المذبوح باسم الله إذا كان مَن ذبحه ملحداً أو مشركاً.

4 ـ وقد يُحلَّل كلُّ ما سبق عند الاضطرار وفق القاعدة الشرعية التي تؤكد أنّ الضرورات تبيح المحظورات شرط ألا يتجاوز التحليل الاستثنائي حدَّ إشباع الحاجات الأساسية.

تاسعاً:

الأعراف والآداب الإسلامية
(العادات وقواعد السلوك)

تُسمّى الطرق التي تتجلّى فيها الميول الداخلية للإنسان في أساليب الحياة المختلفة ومظاهر الحضارة والثقافة بالعادات والتقاليد التي لم يخلُ أيّ عصر من عصور الحضارة البشرية منها. وهي وإن نشأت بطريقة واحدة، لكنها تحمل نكهة مختلفةً وسَمْتاً مميَّزاً باختلاف الحضارات والثقافات. وقد أرشدت الأديان الإنسان إلى انتهاج عادات وقواعد سلوكية تهدف إلى تطهير الروح وتهذيب الشخصية، وهي:

1 ـ التسمية بالله قبل الشروع بالأكل والشرب مع استخدام اليد اليمنى. والغرض من التسمية الاعتراف بفضل الله ونعمه وزيادة البركة، والغرض من استعمال اليد اليمنى تذكير الإنسان بأن من يحمل كتابه بيمناه يوم القيامة سيدخل الجنة.

2 ـ إلقاء التحية (السلام عليكم) وردّها عندما يلتقي الناس بعضهم ببعض.

3 ـ قول «الحمد الله» عند العطاس، والردّ عليها بقول: «يرحمكم الله».

4 ـ قصّ الشوارب.

5 ـ   حلق شعر العانة.

6 ـ   حلق شعر الإبطين.

7 ـ   تقليم الأظافر.

8 ـ   ختان الأولاد.

9 ـ   تنظيف الأنف والفم والأسنان.

10 ـ الاستنجاء.

11 ـ الاغتسال بعد الحيض والنفاس.

12 ـ الاغتسال بعد الجنابة.

13 ـ غسل الميت.

14 ـ تكفين الميت.

15 ـ دفن الميت.

16 ـ الاحتفال بعيد الفطر.

17 ـ الاحتفال بعيد الأضحى.

عاشراً:

القَسَم وكفّارته

إنّ للقَسم أهميةً كبرى في الدين الإسلامي، والوفاء بالعهد من أساسيات الأخلاق الإسلامية. ولذلك، جاء القَسَم ليرتقي بدرجة توكيده إلى الحدّ الأقصى، فحين يُقسِم المسلم بالله على نية القيام بعملٍ أو رسم خطة مستقبلية، فكأنّه يدعو خالق السماوات والأرض ليكون شاهداً على كلامه. وعلى الرغم من أهمية القَسَم والعهد، فمن المستحيل في كثير من الأحيان أن يفي الإنسان بعهده. فإذا نكث بعهد قطعه، وحنث بوعدٍ وعده، شعر أنّه نكث عهده مع الله، ومسَّ بعض المسّ حقوق الناس عليه. وقد أقرّت الشريعة الإسلامية كفّارة نقض اليمين على النهج الآتي:

1 ـ قد يكون اليمين أحياناً سريعاً وخالياً من المنطق والمعنى، ومَصوغاً في أساليب لغوية غريبة، وعلى المؤمن أن يمتنع عن هذه الأشكال من القَسَم رغم أنه لا يُحاسَب عليها.

2 ـ إذا أطلق الإنسان قسَمَه بعزم وإرادة، وكان حازماً وجازماً في صيغته اللفظية، وكان له تأثير في حقوق الأطراف المعنية وواجباتها، أو تأثير في أحكام الشريعة، فإنّ العبد مسؤول عن قسَمه أمام الله، وسيُحاسب عليه، ممّا قد يدفعه إلى الرزانة والاهتمام بهذا الأمر.

3 ـ إذا أُجبر العبد على نقض يمينه، وجبت عليه الكفّارة، وهي إطعام عشرة مساكين بالمقدار الذي يُطعِم فيه أسرته، أو كسوتُهم، أو تحرير رقبة. فإن عجز عن ذلك، فصيام ثلاثة أيام.

محتويات الكتاب

الجزء الأول

الجزء الثاني
الكتاب (الشريعة)